キャリアコンサルタント実技試験（論述・面接）にサクッと合格する本

津田 裕子 [著]

JN048368

日本法令

はじめに

―合格者の具体的な成功法を公開、体験してもらう内容
―キャリアコンサルタント実技試験に合格してもらうための本を作る
そんなシンプルな考え方から本書の企画が始まりました。

　キャリコンサルタント試験には、学科試験と実技試験があります。実技試験は、さらに「論述」と「面接」の2つで構成されており、どちらも合格点に達すると実技試験合格となります。実技（面接）試験に関しては特に、「苦手、できない、わからない」という人が多いです。一方で、「わかっているけどできない」ために、上手にロールプレイができない人が多いことも感じていました。

　私は「みんなに合格してもらおう！」と思い、実技試験が「できない」と感じているいろいろな人から、その不安・疑問・苦手意識などを詳しく聴きだし、研究を重ねて合格講座を開講しました。すると、不合格だった人たちが次々と合格するようになりました。

　そして、「キャリアコンサルタント試験突破の鍵は実技試験にある！」ということを確信するようになりました。

・何ができれば実技試験に合格できるのか知りたい
・他の人のロールプレイを見てみたい
・実際の試験のポイントってなんだろう？
・なぜ不合格になるのかわからない
・早く資格を取って今後の人生に活かしたい

　本書は、受験者のみなさんのこうした疑問や要望にお応えできるよう、合格マニュアル的な要素と資格活用ノウハウ的な要素を組み合わせて一冊にしています。これからキャリアコンサルタントを目指す方やその指導者の方々は、ぜひ本書を読んでください。

　一緒に合格目指して頑張っていきましょう！

令和2年4月

津田 裕子

第1章 なぜ今、キャリアコンサルタントなのか

第 2 章　何ができれば合格なのか

◎　キャリアコンサルタント実技試験の具体的内容と解答のポイント

第３章 「自信がない」印象で
合格を逃した３人の話

◎ キャリアコンサルタントとして相応しい態度とは ‥‥‥ 120

第4章 「我の強さ」が仇になって
合格を逃した4人の話

第5章 1人でできる、実技面接試験に
絶対合格する練習方法

第6章　実技面接試験に合格！　逐語記録の活用

第７章　試験に出てくる主な相談ケース３つ

第８章　合格した後のためにできる準備

第1章

なぜ今、
キャリアコンサルタントなのか

1 キャリアコンサルタントが国家資格になった理由

（1）キャリアコンサルタントとは

　経済社会環境が急激に変化する中で、働く方が、自分の職業人生をどういうものにしたいのか、それを実現するためにはどうするか、また、現在の変化にどう対応すべきか、ということを自ら考えていかなくてはならない状況になってきています。

　そうした生涯を通じた職業の選択、職業生活の設計、能力の開発・向上を「キャリア」と呼び、そのキャリアに関する相談に応じ、サポートを行うことを「キャリアコンサルティング」といいます。

　つまり、働く方のキャリアに関するサポートを行う専門家が、「キャリアコンサルタント」です。

（2）なぜ国家資格となったのか

　上記のように、キャリアコンサルタントの存在が重要になってきている状況を背景に、平成 28 年に国家資格化されました。

　国家資格化の経緯は、まず平成 27 年 9 月 11 日に「勤労青少年福祉法等の一部を改正する法律案」が衆議院本会議で可決・成立。これにより職業能力開発促進法の第 8 節に「キャリアコンサルタント」が新設され、キャリアコンサルタントに関する様々な改正が行われました。改正法の施行期日は平成 27 年 10 月 1 日でしたが、「キャリアコンサルタント」の登録制の創設（国家資格化）に関する部分などは平成 28 年 4 月 1 日

に施行されました。

●キャリアコンサルタントに関係する改正のポイント（抜粋）

1. キャリアコンサルタント試験が国家試験となります。
2. キャリアコンサルタントの登録制が創設されます。
3. 登録された者のみキャリアコンサルタントと名乗ることができます（名称独占）。
4. 「キャリアコンサルティング」の定義が明確化されます。
5. 事業主は「キャリアコンサルティングの機会の確保その他の援助を行う」措置を必要に応じて講ずることとされます。

◎勤労青少年福祉法等の一部を改正する法律案
（青少年の雇用の促進等に関する法律）
https://www.mhlw.go.jp/topics/bukyoku/soumu/houritu/dl/189-26.pdf

（参考）第189回国会（常会）提出法律案
https://www.mhlw.go.jp/topics/bukyoku/soumu/houritu/189.html
※上記の一部に記載されています。

「国家資格キャリアコンサルタント」の特徴は、次の3つにあります。

① 登録制度

国が指定した登録機関に登録が必要。またその登録機関への登録には一定の条件があります。

② 名称独占

「国家資格キャリアコンサルタント」として登録していない場合に「キャリアコンサルタント」を名乗ると罰則規定（罰金など）の対象と

なります。

③ 更新制度

資格取得後5年間に厚生労働省指定の機関にて更新講習（知識講習8時間、技能講習30時間）を受講修了しないと資格の更新ができません。

このように厳しい条件があります。「資格を取得して終わり」ではなく、それ以降のキャリアコンサルタント自身の自己研鑽が必要であり、それだけ今後の活動に国が大きく期待していることの表れであると捉えることができます。

(3) 資格を取ると何ができるのか

例えば企業内で人事担当として勤務している場合には、この資格取得により大きなキャリアアップの機会となります。企業が率先してキャリアコンサルタント資格取得を促すこともあります。実際に、キャリアコンサルタント資格を取得したことで給料アップにつながった人もいます。

また、様々な「働き方」に対応できます。正社員としてフルタイム勤務で働くことも可能ですし、子供がまだ小さい場合や介護などとの両立に合わせてワークライフバランス等を考慮したいという場合は、週2～3日での勤務が可能な求人案件もあります。求人案内を見ていると、ここ最近では必要資格に「キャリアコンサルタント資格歓迎」や「キャリアコンサルタント資格必須」という記載を見かけるようになりました。

このように、資格を活かして自分らしい働き方ができるところもキャリアコンサルタントの魅力の1つといえます。

（4）全国のキャリアコンサルタントの数

　平成 28 年 4 月に国家資格化されてから急激に数を増やしているキャリアコンサルタントですが、登録者は全国で 50,041 名（令和 2 年 2 月末時点）います。

　キャリアコンサルタントの登録数が多いのは東京です。その数は 11,620 人。その次は大阪で 4,265 人となっています。大まかにいうと、関東で 24,409 人、近畿は 9,066 人となっていますが、キャリアコンサルタントは現在その数を急激に増やしています。

　その背景には、政府の進める「キャリアコンサルタント 10 万人計画」があります。

■図表 1-1　キャリアコンサルタント養成数の推移（現行ペース）

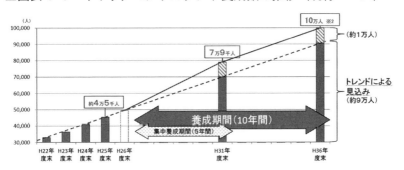

（出典：厚生労働省資料）

　図表 1-1 のように平成 36 年度（2024 年／令和 6 年）までにキャリアコンサルタントを 10 万人誕生させる計画があります。これまでの民間資格とは違い、明確な定義に基づく「国家資格キャリアコンサルタント」が誕生し続けています。これにより一定の知識やスキルを有するキャリア形成の専門家としての位置づけがなされました。

（5）試験は年に3回実施

　国家資格化された当初（平成28年〜）、は年4回行われていましたが、平成31年度／令和元年度より年3回へと変更されています（なお、令和2年6月・7月に予定されていた試験は、新型コロナウイルス対応のため休止となりました）。

　本書で解説するように、キャリアコンサルタントの試験は2つの団体が実施しており、試験問題も異なる部分があります。

　各団体の試験実施日時は、それぞれのサイトで確認できます。

◆受験案内（キャリアコンサルティング協議会）
　https://www.career-shiken.org/about.html
◆受験案内（日本キャリア開発協会）
　https://www.jcda-careerex.org/information/schedule.html

　学科試験と実技論述試験は2団体共に同日に1日間で行われます。

　午前中が「学科試験」、昼休憩をはさんで午後より「実技論述試験」が行われます。

　なお、実施団体により「実技面接試験」の日が異なることにも注意が必要です。実技面接試験はそれぞれの団体で日時設定が違いますので、キャリアコンサルティング協議会（以下「協議会」ともいう）または日本キャリア開発協会（以下「ＪＣＤＡ」ともいう）のサイトで必ず確認しておきましょう。

　参考までに、直近の試験日程をご覧ください。

●試験日程表

		キャリアコンサルティング協議会	日本キャリア開発協会（JCDA）
第19回	学科	2022年3月6日（日）	2022年3月6日（日）
	実技（論述）		
	実技（面接）	2022年3月19日（土）、20日（日）、26日（土）、27日（日）	2022年3月12日（土）、13日（日）、19日（土）、20日（日）
第20回	学科	2022年7月3日（日）	2022年7月3日（日）
	実技（論述）		
	実技（面接）	2022年7月16日（土）、17日（日）、23日（土）、24日（日）	2022年7月9日（土）、10日（日）、16日（土）、17日（日）
第21回	学科	2022年11月6日（日）	2022年11月6日（日）
	実技（論述）		
	実技（面接）	2022年11月12日（土）、13日（日）、19日（土）、20日（日）	2022年11月12日（土）、13日（日）、19日（土）、20日（日）
第22回	学科	2023年3月5日（日）	2023年3月5日（日）
	実技（論述）		
	実技（面接）	2023年3月11日（土）、12日（日）、18日（土）、19日（日）	2023年3月11日（土）、12日（日）、18日（土）、19日（日）

※実技（面接）試験の日程は実施地区により異なります。

※実際の試験日程は、必ず各実施団体のホームページや受験票により確認してください。新型コロナウイルスの影響により、試験の休止等が行われる可能性があります。

(1) キャリアコンサルタントに向いている仕事

【人材派遣会社】

多くの派遣社員を抱える人材派遣会社ではここ最近、多数の会社が社員向けにキャリアコンサルタント資格取得を奨励しています。派遣社員特有の悩みなどについて、適切に対応できるキャリアコンサルタントの必要性を感じているためと思われます。

【ハローワーク（地域若者サポートステーション、職業紹介等）】

ハローワークでは、国家資格化された頃からキャリアコンサルタント資格の必要性を感じて積極的に勤務している方々自ら取得しています。弊社が開講している「キャリアコンサルタント合格講座」は全国のハローワークから資格取得を目指す人が受講しています。

【教育】

こちらは大学、短大、専門学校のキャリアセンターなどに勤務されている人などです。新卒者を対象に初めて社会への一歩を踏み出す若者に対する就職サポートを行います。キャリアコンサルタント資格保有者は優遇される場合もあります。他に人材派遣会社がこうした大学へ派遣することも多く、その場合は有資格者のみが登録できるということもあるようです。

【企業の人事】

　企業内で人事担当として活躍する人も、キャリアコンサルタント資格が今後必要になってくるようです。

　職業能力開発促進法の改正により、事業主は、雇用する労働者の職業能力の開発・向上が段階的かつ体系的に行われることを促進するため、「事業内職業能力開発計画」を作成するとともに、その実施に関する業務を行う「職業能力開発推進者」を選任するよう努めることと規定されました。そして、職業能力開発促進法施行規則等の改正（平成31年4月1日施行）により、「職業能力開発推進者」は「キャリアコンサルタント等の職業能力開発推進者の業務を担当するための必要な能力を有する者」から選任するものと規定されました。

　この対応のために、今後企業でキャリアコンサルタントの必要性が高まる様子が伺えます。

〈職業能力開発推進者の役割〉

- 事業所単位の職業能力開発計画の作成・実施
- 企業内外の職業訓練を受け、また職業能力検定を受ける労働者に対する相談・指導
- 雇用型訓練を受ける労働者に対する相談・指導
- 労働者へのキャリアコンサルティング
- 労働者が職業能力開発を受けるための労務管理上の配慮に係る相談・指導

〈参考〉https://www.mhlw.go.jp/content/11800000/000369235.pdf

【カウンセラー】

　これまでキャリアカウンセラーとして活動している人は、同時にキャリアコンサルタントの資格を取得することにより、その仕事の幅に広が

りが見えてきます。例えば、学校で相談カウンセラーとして活動している人がキャリアコンサルタント資格を取得することにより、キャリアセンターや進路課等と連携し、個人の悩みや思いに対してスムーズな対応を行うことが可能になります。

(2) キャリアコンサルタントになるための勉強

　主にキャリア理論や労働法令、キャリアコンサルタントの実務、キャリアコンサルタントの倫理規定、メンタルヘルス等々、習得する知識はとても範囲が広いです。

●試験科目の内容

①　キャリアコンサルティングの社会的意義に関する科目 ②　キャリアコンサルティングを行うために必要な知識に関する科目 ③　キャリアコンサルティングを行うために必要な技能に関する科目 ④　キャリアコンサルタントの倫理と行動に関する科目

　参考までに、試験を実施している2団体のサイトに過去問題が掲載されているので、一度ご覧ください。

◆キャリアコンサルタント協議会
　https://www.career-shiken.org/past.html
◆日本キャリア開発協会（JCDA）
　https://www.jcda-careerex.org/past.html

　また、試験の中では実際の相談業務を想定した実技（15分間）を、相談者を相手に行う必要があるため、カウンセリング技法や関連知識の

勉強も必要になります。

(3) キャリアコンサルタントは誰でもなれる

◎　試験を受けるには「受験資格」が必要

　下記の受験資格があれば、誰でも試験を受けられ、合格すればキャリアコンサルタントになれます。

---

①　労働者の職業の選択、職業生活設計または職業能力開発および向上のいずれかに関する相談に関し 3 年以上の経験を有する方

②　厚生労働大臣が認定する講習の課程を修了した方

③　技能検定キャリアコンサルティング職種の学科試験または実技試験に合格した方

④　平成 28 年 3 月までに実施されていたキャリア・コンサルタント能力評価試験の受験資格である養成講座を修了した方（平成 28 年 4 月から 5 年間有効）

　上記 4 つのいずれかに当てはまればキャリアコンサルタント試験を受験することができます。

　受験案内は、各受験団体のサイトで公表されています。

　◆キャリアコンサルティング協議会

　　https://www.career-shiken.org/files/10_information.pdf

　　https://www.career-shiken.org/information.html

　◆日本キャリア開発協会（JCDA）

　　https://www.jcda-careerex.org/information/application.html

(4) 受験資格の「実務経験（3年以上）」

　受験資格の①は、簡単にいうと実務経験が3年以上あれば受験できるということです。

　例えば、ハローワークなどで職業に関する相談業務を3年以上行っている場合や、学校などで就職活動に臨む学生に対する相談業務を3年以上行っている場合などです。これらの経験があれば受験資格があるということになります。

　このとき、受験資格を証明するためのエビデンスが必要となります。具体的には、「職務経歴シート」（試験実施団体のホームページからダウンロードできます）を記入し、勤務先に証明してもらうことになるため、会社の印鑑等が必要になります。勤務先が廃業などにより存在していない場合は、雇用保険被保険者資格取得届出確認照会回答書などの提示を求められる場合もあります。つまり、本当にその会社等で勤務していて相談業務を行っていたことを裏づける内容の書類提出を求められます。

(5) 受験資格の「養成講習修了」

　受験資格の②は、①の実務経験がないけれども受験したいという人向けで、キャリアコンサルタントになるための養成講習を修了すると得られる受験資格です。

　具体的には、厚生労働大臣指定の講習（現在は150時間以上）を修了することにより、キャリアコンサルタント試験の受験資格を得ることができます。例えば、週1回日曜日、朝10時～19時（昼休憩1時間）を14日間受講することになります。そのため3～4か月間、毎週通学することになります。養成講座は多くの資格試験スクールなどで開講していますが、通学講座の他、通信（自宅でDVDを見て学習する）などを取

り入れているケースが多いです。例えば、通信 50 時間、通学 14 日間の
内訳で合計 155 時間といった具合です。平日や土日などに開催されるこ
ともあり、ご自身のライフスタイルに合った方法を選択しやすくなって
います。

(6) 受験資格を得るための費用

　受験資格①の実務経験については、証明書類等をきちんと揃えて提出
すれば試験を受験することができるため、こちらは費用かかりません。
実質 0 円ですね。

　もう 1 つの受験資格②の、養成講習の費用は、だいたい 30 万円前後
というケースが多いです。なかなか高額な費用ですよね。でも、この金
額の 50％以上が返金される仕組みがあるのをご存知でしょうか。それ
は「教育訓練給付金制度（専門実践訓練）」と呼ばれるものです。

　これは雇用保険の給付制度のことです。一定の条件を満たす在職者、
離職者に対して適用されます。おおまかにいうと、雇用保険に 3 年以上
加入していると、この対象となる可能性が高いです。

　ご自身が支給対象者かどうかあらかじめ調べるには、自分の住んでい
る地域を管轄するハローワークで確認を行います。

　次頁の照会票を、郵送あるいは窓口へ持参することで自身の状況が確
認できます。養成講習の受講を検討されている人は、先に確認すること
をおすすめします。

　そして気になる返金（給付）の金額ですが、各講習の修了基準（出席
率やテストの結果など）をクリアすると、かかった講習費用の 50％が
返金されます。さらに、その後キャリアコンサルタント試験に一発合格
し、講習終了日から 1 年以内に雇用、または雇用されている人は 20％
の追加給付を受けられます。

●教育訓練給付金支給要件照会票

教育訓練給付金支給要件照会票

帳票種別
```
1 4 5 8 1
```

第2面の注意をよくお読みください。

（この用紙は、このまま機械で処理しますので、汚さないようにしてください。）

1. 被保険者番号
```
□□□□□ - □□□□□ - □
```

2. 姓（漢字）

3. 名（漢字）

4. フリガナ（カタカナ）

5. 生年月日
```
□ - □□ □□ □□
```
元号　年　月　日

（2 大正　3 昭和
　4 平成　5 令和）

6. 指定番号
```
□□□□ - □□□□□□ - □
```

教育訓練施設の名称

教育訓練講座名

7. 受講開始（予定）年月日
```
□ - □□ □□ □□
```
元号　年　月　日

8. 訓練の種別
```
□
```
（ 1 一般教育訓練
　 2 専門実践教育訓練 ）

9. 郵便番号
```
□□□ - □□□□
```

10. 住所（漢字）※市・区・郡及び町村名

住所（漢字）※丁目・番地

住所（漢字）※アパート、マンション名等

上記のとおり教育訓練給付金支給要件について照会します。

電話番号

照会者

氏　名　　　　　　　　　　印

令和　　年　　月　　日　　　　　公共職業安定所長　殿

注　意

1. 支給要件照会票に記載された受講開始（予定）日と実際の受講開始日が異なる場合や、受講開始（予定）日を将来の日付で照会した後に、離職等によって被保険者資格に変動がある場合、また、適用対象期間の延長措置を受けた期間に変更があった場合や支給要件照会後に適用対象期間の延長措置を受けた場合には、照会結果のとおりにならない場合がありますので十分注意してください。
2. 一般教育訓練について教育訓練給付の支給を受けるためには、支給要件照会を行ったか否かにかかわらず、受講修了日の翌日から1ヵ月以内に、あらためて「教育訓練給付金支給申請書」及び確認書類によって支給申請手続を行うことが必要です。
   また、支給要件照会を行わなくても支給申請は可能です。
3. 専門実践教育訓練について教育訓練給付金の支給を受けるためには、支給要件照会を行ったか否かにかかわらず、受講開始日の1ヵ月前までに、「教育訓練給付金及び教育訓練支援給付金受給資格確認票」及び確認書類を提出しなければなりません。確認書類の中には、訓練対応キャリア・コンサルタントによる訓練前キャリア・コンサルティングの結果を踏まえて記載した書面等が必要です。その後、公共職業安定所から指定される支給申請期間ごとに、あらためて支給申請書及び確認書類によって支給申請手続を行うことも必要です。
   また、支給要件照会は行わなくても教育訓練給付金及び教育訓練支援給付金受給資格確認票の提出は可能です。

備考						照会処理年月日	令和　　年　　月　　日
					※処理欄	可　否（理由）	
						通知年月日	令和　　年　　月　　日
						本人・住所	運・健・出　受・印・住　被	本・代・郵

※	所長	次長	課長	係長	係	操作者

2019. 5

（出典：ハローワークインターネットサービス）

24

　以上のように、最大 70％ が返金される可能性があります。この制度を使ってキャリアコンサルタント資格を取得される人も多いようです。

(7) キャリアコンサルタントの試験を受験するときの費用

キャリアコンサルタント試験の受験のためには費用が必要です。

学科試験	8,900 円
実技試験	29,900 円
合計	38,800 円

　その他に、試験会場までの交通費や受験申請の際の郵送代などが発生します。

　費用の他に気をつけなければいけないことは、受験申請（支払済）を行ったあとはどのような理由があろうとも、自己都合による未受験の返金はしてもらえないということです。

　私も、何人もの受験生からその事実を聞いています。例えば、身内の不幸でどうしても受験できない場合や、勤務している会社からの辞令で海外への出張になりその日程が受験日と重なってしまうなど、さまざまな理由があるかと思いますが、いずれも返金はなく、また次回への振替えも行われていないため、受験申請の際には、受験と重なりそうな予定や可能性について、十分に確認・検討する必要があります（ただし、第14 回試験では新型コロナウイルスへの対応で、特例として返金が行われました）。

　そして、各回の受験定員数を上回った場合には、次回受験へと持ち越しが発生するようです。申請時に希望した回での受験ができなくなる可能性があるということです。

3 資格を取得して、できる仕事とそのメリット

(1) 企業内で活躍している人が多い

　キャリアコンサルタントの現状についての調査結果から、資格取得後の活動の様子を見てみましょう（図表 1-2）。

　最初にぱっと目がいくのは、50代が 38.6％となっており、他の年代よりも高い割合を占めている点です。次に 40代、60代そして 30代と続きます。キャリアコンサルタントは、ほぼ 30代〜60代、ときには 70代の方々が活躍しているということがわかります。性別では若干女性のほうが多い印象ですが、その差は、ほぼないように見受けられます。

■図表 1-2　キャリアコンサルタントの年齢・性別

	度数	%
20代	40	1.2
30代	370	11.3
40代	972	29.7
50代	1265	38.6
60代	532	16.3
70代以上	94	2.9
合計	3273	100

	度数	%
男性	1477	45.1
女性	1796	54.9
合計	3273	100

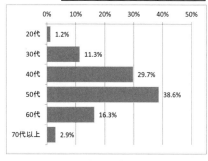

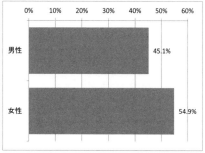

出典：「キャリアコンサルタント登録者の活動状況等に関する調査」
（独）労働政策研究・研修機構［以下、図表 1-6 まで同様］

▓図表 1-3　キャリアコンサルタントの主な活動地域

	度数	%
北海道	84	2.6
青森県	12	0.4
岩手県	20	0.6
宮城県	59	1.8
秋田県	11	0.3
山形県	14	0.4
福島県	19	0.6
茨城県	31	0.9
栃木県	26	0.8
群馬県	22	0.7
埼玉県	88	2.7
千葉県	80	2.4
東京都	932	28.5
神奈川県	198	6.0
新潟県	31	0.9
富山県	22	0.7
石川県	30	0.9
福井県	8	0.2
山梨県	11	0.3
長野県	37	1.1
岐阜県	27	0.8
静岡県	56	1.7
愛知県	163	5.0
三重県	30	0.9
滋賀県	33	1.0
京都府	50	1.5
大阪府	338	10.3
兵庫県	114	3.5
奈良県	21	0.6
和歌山県	19	0.6
鳥取県	10	0.3
島根県	9	0.3
岡山県	40	1.2
広島県	48	1.5
山口県	15	0.5
徳島県	16	0.5
香川県	28	0.9
愛媛県	28	0.9
高知県	7	0.2
福岡県	117	3.6
佐賀県	14	0.4
長崎県	17	0.5
熊本県	31	0.9
大分県	20	0.6
宮崎県	20	0.6
鹿児島県	22	0.7
沖縄県	43	1.3
国外	1	0.0
活動していない	201	6.1

■図表 1-4　現在の主な活動の場

対応可能な領域（複数回答）	度数	％
企業	2299	70.2
需給調整機関（派遣、ハローワーク、転職・再就職支援）	2220	67.8
学校・教育機関（キャリア教育、キャリアセンター）	2163	66.1
地域（地域若者サポートステーション、女性センター等）	1937	59.2
その他	303	9.3
なし	98	3.0

現在の主な活動の場（単数回答）	度数	％
企業	1119	34.2
需給調整機関（派遣、ハローワーク、転職・再就職支援）	661	20.2
学校・教育機関（キャリア教育、キャリアセンター）	563	17.2
地域（地域若者サポートステーション、女性センター等）	169	5.2
その他　具体的に：	271	8.3
なし	490	15.0

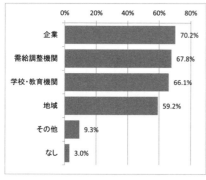
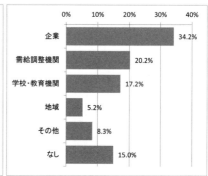

　主な活動地域は東京近辺に圧倒的に多く集まっており、その次が関西、名古屋、福岡等です（図表 1-3）。

　図表 1-4 の通り、現在の主な活動の場で多かった回答は「企業」、その次に「需給調整機関」で、ハローワーク、派遣、転職・再就職支援などを行う場所です。その次は教育で主に大学や専門学校などのキャリアセンターで勤務、そして地域サポートステーション等という順です。

　「その他」では、このアンケートの自由記述による回答で多かったものが「障害者の就労支援・職業相談」で、「医療、福祉」「公共サービス」他に職業訓練校などの「訓練機関」などがここに入っているようです。

■図表1-5　活動の場の年齢別・性別の特徴

	20代 N=40	30代 N=370	40代 N=972	50代 N=1265	60代 N=532	70代 以上 N=94	全体
企業	37.5%	39.2%	35.4%	36.1%	25.9%	21.3%	34.2%
学校・教育機関（キャリア教育、キャリアセンター）	12.5%	17.3%	19.3%	17.0%	14.7%	13.8%	17.2%
需給調整機関（派遣、ハローワーク、転職・再就職支援）	12.5%	15.4%	17.1%	20.6%	28.0%	24.5%	20.2%
地域（地域若者サポートステーション、女性センター等）	7.5%	4.9%	4.9%	4.7%	6.2%	7.4%	5.2%
その他　具体的に：	0.0%	8.9%	6.5%	8.1%	10.5%	17.0%	8.3%
なし	30.0%	14.3%	16.8%	13.4%	14.7%	16.0%	15.0%

※クロス表は1%水準で統計的に有意。調整済み残差を求め、5%水準で値が大きい箇所に網かけ、小さい箇所に下線を付した。

	男性 N=1477	女性 N=1796	全体
企業	38.8%	30.4%	34.2%
学校・教育機関（キャリア教育、キャリアセンター）	16.3%	17.9%	17.2%
需給調整機関（派遣、ハローワーク、転職・再就職支援）	19.6%	20.7%	20.2%
地域（地域若者サポートステーション、女性センター等）	4.1%	6.1%	5.2%
その他　具体的に：	7.7%	8.7%	8.3%
なし	13.5%	16.2%	15.0%

※クロス表は1%水準で統計的に有意。調整済み残差を求め、5%水準で値が大きい箇所に網かけ、小さい箇所に下線を付した。

　図表1-5を見ると、企業で活躍している年代で最も多いのは30代男性ということがわかります。図表1-2を再確認すると、キャリアコンサルタントの30代の割合は少ないけれども、企業内で活躍しているのは30代男性が多いということが現状では見えてきます。

　以上のように、キャリアコンサルタントは企業内で活躍している人が多い、ということがわかります。

(2) キャリアコンサルタントの勤務先

■図表 1-6　キャリアコンサルタントの勤務先

	度数	%
その他のサービス業 職業紹介・労働者派遣業	367	15.0
公務 職業相談・職業紹介	367	15.0
教育、学習支援 高等教育機関（大学・短大・高専・専修学校）	324	13.2
製造業	222	9.0
その他のサービス業 上記以外の「その他のサービス業」	193	7.9
公務 上記以外の「公務」	178	7.3
情報通信業	153	6.2
教育、学習支援 上記以外の「教育、学習支援業」	145	5.9
医療、福祉	119	4.8
卸売業・小売業	95	3.9
その他	79	3.2
学術研究・専門技術サービス業	48	2.0
金融業・保険業	46	1.9
建設業	28	1.1
複合サービス事業（協同組合など）	21	0.9
運輸業・郵便業	20	0.8
生活関連サービス業・娯楽業	19	0.8
電気・ガス・熱供給・水道業	13	0.5
宿泊業・飲食サービス業	9	0.4
不動産業・物品賃貸業	8	0.3
小計	2454	
欠損値	819	
合計	3273	

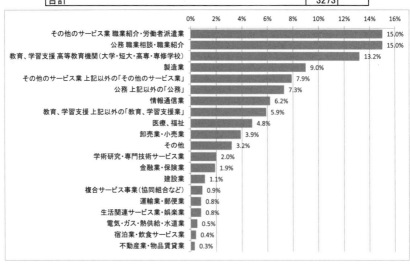

　職業紹介・労働者派遣業と公務、職業相談・職業紹介が一番多く割合を占めています（図表1-6）。その次に多いのが教育、学習支援（大学、短大など）、そしてその他の教育、学習支援業などになります。その次は製造業です。

　これらを見ると人材派遣会社や職業を紹介するところ、つまりハローワークや、一般企業ではパソナ、アデコ、パーソルテンプスタッフなど、そして大学キャリアセンターなどがキャリアコンサルタントの資格を活かせる場となっています。

（3）キャリアコンサルタントになるメリット

　実際に私がキャリアコンサルタントとして活動している中で、率直に感じた「キャリアコンサルタントになってよかったこと」をお伝えします。

　まず、「人の役にたてる」というところが大きいです。他人の人生に関わり、普段友人や上司などでは対応できないような領域に対してキャリアコンサルタントとしての力を発揮し、そして結果が出るというところに大きなやりがいを感じることができます。

　また、年齢を重ねるごとに自身の経験や知見の広がりが出てくるため、「人生100年時代」といわれている今、いくつになっても必要とされる存在として認められます。経験することにより安心感が増していく仕事です。

　そして、他の関連資格との関わりも挙げられます。例えば、今後のキャリアライフプランをサポートする際には、ファイナンシャルプランナーの資格が有効です。また、メンタルの問題に関しては臨床心理士などと連携することで、より信頼感のある対応が可能になります。つまり、キャリアコンサルタントに必要とされる知識や技術は、どのような資格とも関連するものとなり得るため、「資格にムダがない」ということに

なります。

　その他には、キャリアコンサルタントは「傾聴力」を身に着けている
ため、人間関係が良好になるということもメリットの１つといえます。
親、配偶者、子どもなど家族関係にも大きく良い影響をもたらします。
私自身もキャリアコンサルタント資格との出会いが、人生が大きく変化
するきっかけの１つとなりました。

（4）気になるキャリアコンサルタントの年収

　次は気になるキャリアコンサルタントの年収を、同じく労働政策研
究・研修機構の調査結果から見ていきます。

```
1 位　200 万～400 万円未満
2 位　400 万～600 万円未満
3 位　600 万～800 万円未満
```

　そして、もう少し詳しく見ると、下記のように年齢が上がるにつれて
収入が増加し、定年後は収入が減少するという様子がわかります。男性
の場合はこの動きが顕著ですが、女性に関しては非正規の割会が高いた
め（ワークライフバランスなどによる）男性よりは若干この傾向は薄く
なるようです。

```
20 代～30 代で 400 万～600 万円未満
40 代で 600 万～800 万円未満
50 代で 800 万円以上
```

　次に主な活動の場の年収状況を確認していきます。
　企業内で最も多いのは 400 万～600 万円。学校、教育いわゆる大学の

キャリアセンター、そしてハローワークや地域（若者サポートステーション）などで 200 万〜400 万円。この辺りが一番多い水準といえます。

　正社員と非正規の場合の年収の違いをみると、正社員の場合、最も多いのは 400 万〜600 万円未満、続いて 800 万円以上となっています。非正規の場合、最も多いのは 200 万〜400 万円でその次は 200 万円未満という結果になっています。

　個人的な感想では、正社員の場合はそれまで企業で長年勤務してきた人がキャリアコンサルタント資格を取得しているということが考えられます。またこの場合、ある程度の役職についている可能性が高いと思われます。

　一方で非正規の場合は、おそらく資格取得を機に転職、キャリアコンサルタントの仕事への転身という人が多いのではないでしょうか。例えば大学のキャリアセンターで週 3 回の勤務に就くなどです。

　このようにキャリアコンサルタントの資格があると、さまざまな働き方を選択することができ、自身に合ったライフスタイルで活躍することが可能です。

4　資格試験の気になる中身と難易度（学科、論述、面接）

(1) 学科試験

①　学科試験の形式

　問題は 50 問あり、解答方法は 4 択のマークシート方式です。50 問中

35問以上の正答で合格となります。点数でいうと100点満点中70点以上が合格です。試験時間は100分です。

　学科試験は実技（論述）試験と同日に行われます。学科試験が午前中、そのあと昼休憩を挟んで論述試験が行われます。

　実際の学科試験では次のような問題が出題されます。

〈例題〉
◎　傾聴技法に関する次の記述のうち、不適切なものはどれか。
1　相談者が沈黙した場合には、相談者が気まずくなるのでその直前の話を繰り返すことで発言を促し、会話が途切れないようにする。
2　相談者の話は冗長だったり、欠落していたり、方向性が変わりやすいため要約はクライエントの考え、感情の整理をするためには重要である。
3　「言い換え」、「明確化」は、相談者が話した、または話したかったと思われる内容をより明確にした表現で返すことである。
4　キャリアコンサルタントは相談者の言語表現だけでなく、声の調子、話し方、表情、姿勢、動作などの非言語表現にも注目し、フィードバックする必要がある。

（※正解は1）

　この例題では「不適切なものはどれか」と問われているので、1を選択して解答用紙（マークシート）の該当数字を塗りつぶす、ということになります。これを50問、100分で解答していきます。

　問題文の問われ方としては、「適切なもの」「最も不適切なもの」「誤っているもの」「正しいもの」「正しいものの組み合わせ」などがあります。解答の際に、しっかりと何を問われているかを確認しておく必要があります。緊張のせいで焦ってしまい、「適切なもの」と問われているのに

「不適切なもの」を選んで解答してしまったというケースも多々あります。「あと1問正答していれば合格できたのに」という人も多く、落ち着いて解答する必要があります。

②　学科試験の内容と範囲

次のような内容がキャリアコンサルタント試験のサイト上で公開されています。

Ⅰ　キャリアコンサルティングの社会的意義

　1　社会および経済の動向ならびにキャリア形成支援の必要性の理解

　2　キャリアコンサルティングの役割の理解

Ⅱ　キャリアコンサルティングを行うために必要な知識

　1　キャリアに関する理論

　2　カウンセリングに関する理論

　3　職業能力開発（リカレント教育を含む）の知識

　4　企業におけるキャリア形成支援の知識

　5　労働市場の知識

　6　労働政策および労働関係法令ならびに社会保障制度の知識

　7　学校教育制度およびキャリア教育の知識

　8　メンタルヘルスの知識

　9　中高年齢期を展望するライフステージおよび発達課題の知識

　10　人生の転機の知識

　11　個人の多様な特性の知識

Ⅲ　キャリアコンサルティングを行うために必要な技能

　1　基本的な技能

　（1）　カウンセリングの技能

（2）　グループアプローチの技能

（3）　キャリアシート（法第 15 条の 4 第 1 項に規定する職務経歴
　　　等記録書を含む。）の作成指導および活用の技能

（4）　相談過程全体の進行の管理に関する技能

2　相談過程において必要な技能

（1）　相談場面の設定

　①　物理的環境の整備

　②　心理的な親和関係（ラポール）の形成

　③　キャリア形成およびキャリアコンサルティングに係る理解の
　　　促進

　④　相談の目標、範囲等の明確化

（2）　自己理解の支援

　①　自己理解への支援

　②　アセスメント・スキル

（3）　仕事の理解の支援

（4）　自己啓発の支援

（5）　意思決定の支援

　①　キャリア・プランの作成支援

　②　具体的な目標設定への支援

　③　能力開発に関する支援

（6）　方策の実行の支援

　①　相談者に対する動機づけ

　②　方策の実行のマネジメント

（7）　新たな仕事への適応の支援

（8）　相談過程の総括

　①　適正な時期における相談の終了

　②　相談過程の評価

Ⅳ　キャリアコンサルタントの倫理と行動

1　キャリア形成およびキャリアコンサルティングに関する教育ならびに普及活動

2　環境への働きかけの認識および実践

3　ネットワークの認識および実践

(1)　ネットワークの重要性の認識および形成

(2)　専門機関への紹介および専門家への照会

4　自己研鑽およびキャリアコンサルティングに関する指導を受ける必要性の認識

(1)　自己研鑽

(2)　スーパービジョン

5　キャリアコンサルタントとしての倫理と姿勢

(1)　活動範囲・限界の理解

(2)　守秘義務の遵守

(3)　倫理規定の厳守

(4)　キャリアコンサルタントとしての姿勢

　キャリアコンサルタント養成講習では何冊かのテキストがあり、上記の内容を講座で学びます。他に市販のテキストなどもあるので実務経験者で独学の人は、それらを数冊購入して勉強することもできます。

　学科試験はとにかく出題範囲が広いため、時間をかけて計画的に勉強する必要があります。また、年々問題が難化しています。より詳細に深く問われるものへと変化しています。

(2) 実技試験（論述）

①　論述試験の形式

　論述試験は記述式です。問題文を読み、キャリアコンサルタントとし

てどのように支援するかなどを自身で考え、数行にわたり文章化して書き上げる試験です。点数は 50 点満点です。基準点（所要点）があり、満点の 4 割以上の得点がないと「所要点未達」で不合格となります。試験時間は 50 分間です。試験は学科試験と同日に行われます。学科試験が午前中、昼休憩を挟んで論述試験が行われます。

② 論述試験の内容

　問題文は 2 団体で違いがありますが、共通しているところは「逐語記録」が問題文にあることです。この「逐語記録」というのは相談者とキャリアコンサルタントの対話を文字にしたものです。

　とても詳しく、まるで話しているように書かれています。例えば相談者が考えている場面などは「う〜〜ん……」というような非言語での様子まで伝わってくるかのような書き方がされています。

　実際にどのようなものなのか、逐語記録の例を見てみましょう。

◎逐語記録（例題）

●相談者：佐藤 典子 53 歳、娘（25 歳）と同居。高校卒業後、文具販売会社に 8 年間勤務して結婚、出産を機に退職。現在は特別養護老人ホームに勤務し 6 年目。

（相談したいこと）

　結婚を機に介護ヘルパーの仕事を 6 年しているが、体力的にきつくなってきて、この先ずっと続けていく自信がなく、思い切って辞めたほうがいいかと悩んでいる。この先の生活もあるので、働いていかなければならないと思っているが、自分にあった仕事が見つかるかわからず、相談したい。

【以下、CC：キャリアコンサルタント　CL：相談者（クライエント）】

CC：はじめまして○○と申します。

CL：はじめまして佐藤と申します、よろしくお願いいたします。

CC：こちらこそよろしくお願いいたします。佐藤さん、ちょっと話し始める前に話しやすいように少し椅子を動かしてもよろしいでしょうか。

CL：はい。

CC：すいませんちょっとだけ動かしますね。はい、こんな感じで。何か近いなぁとか遠いとか違和感てないですか？

CL：はい大丈夫です。

CC：はい、ありがとうございます。じゃあ今日ですね、お話をさせていただく前にこちらのほうから3点ほどお伝えしたいことがありますので伝えていきますね。

CL：はい。

CC：まず1つ目なんですが、私共キャリアコンサルタントには守秘義務がございまして、今日佐藤さんがお話ししていただくことが勝手に外部に出回るということは、絶対にありませんので、安心してお話をしていただければと思います。

CL：ありがとうございます。

CC：次になんですが、今日は面談のお時間を60分頂戴しておりまして、ここに時計があるんですが、今、大体1時17分ぐらいまでですかね、大体60分後位までと思っておいていただければと思います。一緒に見えるようにこうしておきますね？（相談者と共有できる位置に時計を置きなおす）見えますか？

CL：大丈夫です。

CC：大体こんな感じでやっていきたいと思います。あと最後なんですけど今日は佐藤さん、この面談のお時間が終わる頃どんなお気持ちでお家に帰りたいなぁと思いますか？

CL：そうですねー、まあ、なんかすっきりして帰りたいなと思います。

CC：スッキリしたいということですね。はい、わかりました。すっきりしていただけるように私も頑張ってお話を聞かせていただこう

39

と思うので、いろいろ質問させていただいてもよろしいですか？

CL：お願いします。

CC：ありがとうございます。で、もし面談の中でこれは言いたくないなぁとか、ちょっとこの話はしんどいなぁということがありましたら遠慮なくすぐに教えてください。では、今日はどのようなご相談でしょうか。

CL：えーっとですねー、あの、今ですね特養でヘルパーで働いているんですけれども。

CC：トクヨウ？

CL：特別養護老人ホームなんですけれど、今で7年目なんですけれども最近ちょっとしんどいなぁと思って。

CC：あー、しんどいなぁと。

CL：なんかちょっとこのまま続けられるかなぁと思ってね。

CC：どうしようかなぁ、と思っているんですね。

CL：まぁねー。で、今私53歳なんですが、まだまだ先に生活があるし、かといって自分が何が合うかわからないし、どうしたらいいかなと思って相談できました。

CC：ありがとうございます。ちょっと今佐藤さんがおっしゃったことをまとめさせていただくと、佐藤さんがヘルパーさんで、今特養で、えーと6年目でしたっけ？　お勤めされていると。最近なんだかちょっとしんどいなと思う。で、辞めるにしても、今後の生活のこともあるし、辞める訳にもいかないかなと思う、そのような感じでよろしいでしょうか？

CL：はい、そうですね。

CC：じゃあ、そのしんどいなぁと思われたきっかけですね、そこをもう少し詳しく教えていただいていいですか。

CL：そうですね、これまで、もうわかんないまま頑張ってきたんですけど、ここ最近、なんかねー夜勤とか連勤とかそこまで意識してなかったんですけど、最近なんかちょっとしんどいなぁと思って、朝起きてもなんか目覚めもしんどくて、このままずっとしんどい

　　　　 まま仕事続けるのかなと思って、体力ちょっと落ちてきたかなと
　　　　思って、ちょっと自信がなくなってしまったんですね。

CC：自信がなくなってしまったんですね。何かそのしんどいなと思わ
　　　　れたのは、いつぐらいからそんな風になったんでしょうか。

CL：そうですね。意識しだしたのは最近ですね。1か月かそれぐらい
　　　　前なんですけれども。でねー、やっぱり年々とこれからしんどく
　　　　なるのかなあと思って、でね夜勤があるから今お給料がいいんで
　　　　すけどね。今はやっぱり介護なんですけど、私がこれから働くに
　　　　しても何をしたらいいのかわからないし、まぁ、このまま介護か
　　　　なと思ったりもするんですけどね。

CC：介護かなと思ったりもする。他に例えば介護でなくてもいいなと
　　　　いう気持ちもあるんでしょうか。

CL：うん、それがしんどくなければ…。

CC：しんどくなければ。先程から佐々木さん、「しんどい」というこ
　　　　とを何度かおっしゃっているんですが、その「しんどい」というこ
　　　　とについて、佐々木さんが思われていることを教えていただいて
　　　　よろしいでしょうか？

（続く）

　逐語記録とはこのような文章です。2団体ともにこの逐語記録が問題
文にあり、そこからキャリアコンサルタントとしてどのように働きかけ
るのか、といったことを問われるのが論述試験です。

　論述試験の詳細、2団体での違いについては後ほど解説します。

(3) 実技試験（面接）

① 面接試験の形式

　面接試験は実際のキャリアコンサルティングを15分間行うものです。

この 15 分間は、初回面談の最初の 15 分間という設定です。通常、キャリアコンサルティングは 1 回約 30 分〜90 分程度行います。そのため、試験はコンサルティングの途中で終了します。一般的にはこの様子を「ロープレ」とか「ロールプレイ」と呼びます。

そして、そのあとすぐに、目の前にいる試験官 2 名からの質問に対して回答する内容の振り返りが、5 分間行われます。これを「口頭試問」といいます。

面接試験は 100 点満点です。また、実技試験は論述と面接がセットになるため、論述試験の 50 点満点と合わせて合計 150 点満点となり、90 点以上の得点で実技試験合格となります。

面接試験の会場は全国の貸会議室などが使用されており、受験申請時に自身で会場を選択することができます。ただし、2 日間設定されている試験日のうち、どちらの日程での受験となるかは試験団体により指定されます。受験者が日時の指定をすることはできません。都市部の会場が多いので、ある程度大きな都市部などにお住まいの人は日帰りで受験することが可能ですが、地方にお住まいで開催会場まで遠い場合は宿泊が必要な場合もあります。

② 面接試験の流れ

面接試験の当日の流れを見ていきましょう。試験の流れを知っておくと無用な緊張もしなくなりますので、合格に一歩近づけます。

集合時間に指定された場所に行く（会議室等）。

⇩

案内係の指示に従い、それぞれの試験会場（個室）へ誘導される。
※面接試験は 1 人の受験生に対して 1 部屋を使用し、試験官 2 名、
　相談者役 1 名、そして受験生の 4 人で行われます。この案内係の

人が面接試験の相談者役の人となります。

⇩

面接時間になるまでその部屋の前で待つ。その間にこれから始まる試験の注意事項や相談者の詳細が記載されたプリント（両面に印刷されている）を渡されるのでよく読んでおく。

⇩

時間になると案内係の指示に従い、部屋の中に入り用意された席に着く。

⇩

試験官からの諸注意を聞き、さきほどの案内係が相談者役となり、その後すぐに面接試験スタート。

⇩

15 分経過すると「終了」の合図があるため途中で終わる。

⇩

すぐに 5 分程度の口頭試問、試験官からの質問が開始。

⇩

口頭試問が終わると、退席となり、荷物を持って会場を出る。

⇩

あとは約 1 か月後の合否発表を待ちます。

（4）合格点

① 学科試験の合格点

　学科試験はマークシート方式で、問題が 50 問あり、35 問以上正答で合格となります。点数にすると 70 ／ 100 で、70 点以上獲得で学科試験合格となります。

② 実技試験の合格点

実技試験には、論述試験と面接試験の2つの試験が含まれています。

論述試験は50点満点、面接試験は100点満点です。2つを合計すると150点満点となります。そして90点以上獲得で実技試験合格となります。

実技試験の配点で気をつけることがあります。合格するためには、それぞれ4割以上の得点が必要だということです。

具体的には、例えば論述試験が0点で面接試験が100点満点だったとします。この場合、論述と面接が合わせて90点以上なので合格、と思いたいところなのですが、論述試験が「所要点未達」のため不合格となります。

論述試験に関しては20点以上、面接試験に関しては40点以上の得点がないと、論述と面接が合わせて90点以上だったとしても不合格となってしまいます。

(5) 学科と実技試験、片方だけ合格の場合

① 学科試験に合格して実技試験不合格の場合

学科試験合格から実技試験合格までに期限はないため、次回以降の実技試験に再度申込みを行い、合格すると学科試験と実技試験の合格者となり、キャリアコンサルタントに登録を行うことができます。

ただ、実技試験には論述試験と面接試験があるため、それぞれの日程の違う試験日に再度受験することになります。

② 実技試験に合格して学科試験不合格の場合

こちらも、もう片方の試験合格までに期限はないため、次回以降の学科試験に再度申込みを行い、合格すると実技試験と学科試験の合格者と

なり、キャリアコンサルタントに登録を行うことができます。

③ 「キャリアコンサルティング技能士」試験の片方合格との組合せも可能

「キャリアコンサルティング技能士」というキャリアコンサルタントの上位資格の試験があります。

この試験の片方合格を活用してキャリアコンサルタントに登録することも可能です。

（例）

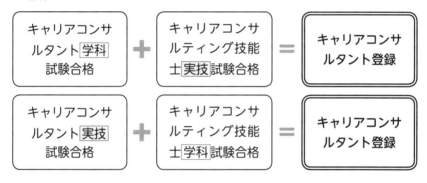

このような形でキャリアコンサルタントに登録することが可能です。

最近では、キャリアコンサルティング技能士の学科試験よりもキャリアコンサルタントの学科試験のほうが難しいという意見もあり、このように片方合格を活用して資格を取得することもひとつの方法ですね。

5 試験2団体の違いと選び方

(1) キャリアコンサルタント養成講習

　前述した通り、キャリアコンサルタント試験を受験しようとする際に必要となってくるのが「受験資格」です。受験資格には2つの基準があり、まず1つ目が本項で解説する「キャリアコンサルタント養成講習修了」、2つ目が「実務経験3年以上」です。

　「実務経験3年以上」の資格で受験可能な人は、独学での勉強も可能ですが、それ以外の人はキャリアコンサルタント養成講習を受講・修了することが必要になります。

　その際にどこの「キャリアコンサルタント養成講習」を受講すればいいのか迷うことがあるかと思います。本項ではご自身に合った養成講習の選び方を紹介していきたいと思います。

　「キャリアコンサルタント養成講習」は厚生労働大臣認定の講座を選択することが必要です。また「養成講習」とはキャリアコンサルタント試験の受験要件を満たす講習として厚生労働大臣が認定した講習のことを言います。試験を開催している2団体（協議会、JCDA）のサイトに掲示されている養成講習を紹介します。

【キャリアコンサルティング協議会】（平成31年4月現在）

- ・（公財）日本生産性本部
    公益財団法人日本生産性本部キャリアコンサルタント養成講座

・（一社）日本産業カウンセラー協会
　　　一般社団法人日本産業カウンセラー協会キャリアコンサルタント養
　　　成講習

・（特非）日本キャリア・マネージメント・カウンセラー協会
　　　CMCA キャリアコンサルタント養成講座

・（公財）関西カウンセリングセンター
　　　公益財団法人関西カウンセリングセンターキャリアコンサルタント
　　　養成講習

・パーソルテンプスタッフ（株）（旧：テンプスタッフ（株））
　　　ＧＣＤＦ-Ｊａｐａｎキャリアカウンセラートレーニングプログラム

・マンパワーグループ（株）
　　　ＧＣＤＦ-Ｊａｐａｎキャリアカウンセラートレーニングプログラム

・（特非）キャリアカウンセリング協会
　　　ＧＣＤＦ-Ｊａｐａｎキャリアカウンセラートレーニングプログラム

・（株）テクノファ
　　　キャリアコンサルタント養成講座

・（有）キャリアサポーター
　　　ＩＣＤＳキャリアコンサルタント養成講座

・（学）大原学園
　　　キャリアコンサルタント養成講習
　　　キャリアコンサルタント（通学・通信）養成講習

・（公財）関西生産性本部
　　　公益財団法人関西生産性本部キャリアコンサルタント養成講座

・（株）日本マンパワー
　　　キャリアコンサルタント養成講座（総合）

・（株）東京リーガルマインド
　　　LEC 東京リーガルマインドキャリアコンサルタント養成講座

- ・（株）リカレント
  - キャリアコンサルタント養成講座
  - キャリアコンサルタント養成ライブ通信講座
- ・ヒューマンアカデミー（株）
  - キャリアコンサルタント養成講座
- ・（株）パソナ
  - 100年キャリア講座キャリアコンサルタント養成講習
- ・（一社）地域連携プラットフォーム
  - キャリアコンサルタント養成講習
- ・（特非）日本カウンセリングカレッジ
  - NCCPキャリアコンサルタント養成講習
- ・（株）キャリアドライブ
  - トータルリレイションキャリアコンサルタント養成講習

【日本キャリア開発協会（JCDA）】（令和元年12月3日現在）

- ・（公財）日本生産性本部
  - キャリアコンサルタント養成講座
- ・（一社）日本産業カウンセラー協会
  - 一般社団法人日本産業カウンセラー協会キャリアコンサルタント養成講習
- ・（特非）日本キャリア・マネージメント・カウンセラー協会
  - CMCAキャリアコンサルタント養成講習
- ・（公財）関西カウンセリングセンター
  - 公益財団法人関西カウンセリングセンターキャリアコンサルタント養成講習
- ・（特非）キャリアカウンセリング協会
  - GCDF‐Japanキャリアカウンセラートレーニングプログラム

- ・（株）テクノファ
  - キャリアコンサルタント養成講座
- ・（有）キャリアサポーター
  - ＩＣＤＳキャリアコンサルタント養成講座
- ・（学）大原学園
  - キャリアコンサルタント養成講習
  - キャリアコンサルタント（通学・通信）養成講習
- ・（公財）関西生産性本部
  - 公益財団法人関西生産性本部キャリアコンサルタント養成講座
- ・パーソルテンプスタッフ（株）
  - ＧＣＤＦ-Ｊａｐａｎキャリアカウンセラートレーニングプログラム
- ・マンパワーグループ（株）
  - ＧＣＤＦ-Ｊａｐａｎキャリアカウンセラートレーニングプログラム
- ・ヒューマンアカデミー（株）
  - キャリアコンサルタント養成講座
- ・（株）パソナ
  - 100 年キャリア講座キャリアコンサルタント養成講習
- ・（一社）地域連携プラットフォーム
  - キャリアコンサルタント養成講習
- ・（株）日本マンパワー
  - キャリアコンサルタント養成講座（総合）
- ・（株）東京リーガルマインド
  - LEC 東京リーガルマインドキャリアコンサルタント養成講座
- ・（株）リカレント
  - キャリアコンサルタント養成講座
  - キャリアコンサルタント養成ライブ通信講座
- ・（特非）日本カウンセリングカレッジ
  - NCCP キャリアコンサルタント養成講習

　現在、キャリアコンサルティング協議会、日本キャリア開発協会（JCDA）ともに19校21講座です。これらの養成講習からいずれかを選ぶことになります。それぞれに特色があり、2団体の両方の試験に対応している講習もあれば片方のみに対応している講習もあります。

　ここですべての養成講習の特徴をお伝えすることは難しいため、みなさんが養成講習を選択する場合の、各校への電話での問合せ方法をお伝えいたします。

　各校のサイトにフリーダイヤルや養成講習に関する問合せの専用ダイヤルが掲示されているので、まずはそこに電話します。そして次の3つのことを質問してください。

●各校への問合せ時のポイント

1　協議会とJCDAのどちらの試験に対応する内容か？
2　養成講習の修了者は、協議会とJCDAのどちらを受験する人が多いか？
3　別途「試験対策講座」などを行っている場合、協議会とJCDAのどちらに対応する内容を行っているのか？

　このように問い合わせると、その養成講習の内容や特徴を理解することができ、2団体どちらで受験するかを決めるための判断材料になるかと思います。その他にも何か質問したいことがあれば、事前に紙に書き出しておくと聞きそびれることがないでしょう。

(2) 実務経験 3 年以上の受験資格がある場合の受験団体の選び方

◎　独学の場合の受験団体の選び方

　これまで実務で相談業務に 3 年以上従事している人はキャリアコンサルタント試験の受験資格があるため、そのまま受験申請をして受験することが可能です。この場合に迷うのが受験団体の選択だと思います。キャリアコンサルティング協議会で受験するか、日本キャリア開発協会（JCDA）で受験するか決めることが必要になります。

　参考として**図表 1-7** を見てください。こちらは第 1 回〜13 回試験の、2 団体の養成講習修了者と実務経験者、それぞれの合格率です。学科試験に関しては 2 団体ともに同内容の問題が出題されているため、ほぼ同じような合格率になっています。ただ、養成講習修了者と比べると実務経験者の合格率は毎回低いということがわかります。独学の場合は、学ぶべきポイントをよく理解することが大切ですね。

■図表 1-7　受験資格別合格率

協議会

	学　科		実　技	
	養成講座卒	実務経験者	養成講座卒	実務経験者
第 1 回	83%	70%	76%	68%
第 2 回	82%	67%	76%	60%
第 3 回	72%	63%	68%	66%
第 4 回	25%	15%	77%	68%
第 5 回	52%	38%	73%	65%
第 6 回	67%	47%	76%	62%
第 7 回	57%	36%	70%	70%
第 8 回	68%	48%	69%	53%
第 9 回	29%	19%	68%	53%
第 10 回	67%	46%	73%	74%
第 11 回	64%	45%	75%	71%
第 12 回	76%	64%	63%	51%
第 13 回	72%	58%	58%	52%

ＪＣＤＡ

	学　科		実　技	
	養成講座卒	実務経験者	養成講座卒	実務経験者
第 1 回	87%	61%	63%	35%
第 2 回	79%	71%	63%	40%
第 3 回	68%	59%	68%	40%
第 4 回	22%	15%	69%	40%
第 5 回	55%	44%	70%	47%
第 6 回	65%	53%	70%	48%
第 7 回	58%	43%	77%	60%
第 8 回	63%	47%	73%	63%
第 9 回	34%	24%	70%	51%
第 10 回	66%	50%	69%	33%
第 11 回	65%	51%	76%	60%
第 12 回	77%	67%	71%	51%
第 13 回	72%	63%	69%	39%

　次に、実技試験に関しては 2 団体で出題傾向や内容、評価項目が違います。これについては後述します。

　もう少し詳しく**図表 1-7** を見ると、実務経験者は養成講習修了者よりも 2 団体ともに合格率が低くなっています。さらに日本キャリア開発協会の実務経験者の実技試験の合格率に注目すると、第 1 回〜6 回、10回、13 回は他の回と比べると低い水準であることがわかります。

　こうしたデータを見ると、独学で受験する場合にどちらの団体を選択するかの判断材料になるかと思います。また、最近では受験資格のある実務経験者でも養成講習を受講する人が増えています。私が開講している合格講座にも、実務経験 3 年以上での受験資格がありながら養成講習を修了されている人がいます。その理由を尋ねると「きちんと基礎から勉強したかった」「仲間ができるから面接試験の練習相手に困らなかった」などを挙げていました。確かにそうしたほうが合格への近道になるかもしれませんね。

(3) 実技試験（論述試験）の 2 団体の違い

①　2 団体の論述試験の共通項

　キャリアコンサルタントの論述試験は学科試験と同日に行われます。午前中に学科試験があり、昼休憩を挟んで午後から論述試験が行われます。時間は 50 分間です。解答のスタイルは記述式で、問題は逐語記録（キャリアコンサルタントと相談者の対話内容）を読んで問いに答えていくという形式です。

　また、論述試験は面談（面接試験）の基礎となる部分です。ここをしっかりと理解している人は論述試験の得点が高くなり、面接試験にも良い影響が出てきます。

②　2団体の論述試験の特徴

　では、2団体それぞれの論述問題の特徴を見ていきましょう。可能であればお手元に過去問題を用意していただくと、よりわかりやすいかと思います。過去問題は2団体のサイトからダウンロードできます。

【キャリアコンサルティング協議会】

過去問題掲載サイト　https://www.career-shiken.org/past.html

- ●相談者情報：相談者を取り巻く環境について詳しく書かれています。
- ●来談の経緯：相談に来た理由が書かれています。
- ●逐語：キャリアコンサルタント（CC）と相談者（CL）が話している内容について一字一句詳しく、そして非言語コミュニケーションも伝わってくる様子で書かれています。
- ●設問1：キャリアコンサルタントとしてどのように応答するかを記述します。
- ●設問2：キャリアコンサルタントから見た相談者の問題点を記述します。
- ●設問3：（1）キャリアコンサルタントとして相談者に対する提案を2つ考えて記述します。
- ●設問3：（2）上記（1）で考えた2つの提案どちらかを選択し、キャリアコンサルタントとしてこのあとの面談での働きかけについて記述します。

　これがキャリアコンサルティング協議会の論述試験の内容です。

　協議会の論述試験のポイントは「専門家として何を言うか」というところです。上司や友人に悩みを相談することとキャリアコンサルタントに相談することが同じであれば、それは専門家としての役割を果たしていないということになります。そのため、記述式の解答には専門用語を

使用して解答することも求められます。キャリアコンサルタントならではのキーワード（専門用語）を書くということになります。

【日本キャリア開発協会（JCDA）】
　　　　過去問題掲載サイト　https://www.jcda-careerex.org/past.html

- ●相談者（CL）：相談者を取り巻く環境について詳しく書かれています。
- ●キャリアコンサルタント（CCt）：今回担当するキャリアコンサルタントについて書かれています。
- ●逐語：キャリアコンサルタントと相談者が話している内容について一字一句詳しく、そして非言語コミュニケーションが伝わってくる様子で書かれています。また、まず事例Ⅰと事例Ⅱの共通部分が提示され、次に事例Ⅰと事例Ⅱで展開が異なる内容が提示されます。
- ●問い1：事例ⅠとⅡの違いについて指定語句を使って記述します。
- ●問い2：逐語内のキャリアコンサルタントの応答が「相応しい」か「相応しくない」かを考えてその理由を記述していきます。
- ●問い3：キャリアコンサルタントから見た相談者の問題点を記述します。
- ●問い4：キャリアコンサルタントとして今後の展開をどのようにするか具体的に記述します。

　これが日本キャリア開発協会（JCDA）の論述試験の内容です。
　JCDAの論述試験のポイントは2つの事例の違いを見極めることが求められるところです。キャリアコンサルタントとしての対応が異なる2つの事例を読んで、何がどのように影響しているのか、またそれによる相談者の変化にも気づく必要があります。
　このようにそれぞれの受験団体の論述試験については内容の違いがあります。一度、過去問題を解いてみて、その違いを感じてください。

次に、2団体の論述試験のこれまでの平均点数について見ていきます。

図表1-8の、第1回〜13回までの論述試験の平均点に注目してください。

キャリアコンサルティング協議会：33.6点
日本キャリア開発協会（JCDA）：35.9点

このように差があります。

さらに、協議会の論述試験が第1回〜13回までで平均35点以上になったのは第2回と第11回だけである一方、JCDAは第2回〜9回、11回、12回はすべて平均点が35点以上で推移しています。

私が開講している合格講座の受講生から試験結果をお知らせいただく際は、JCDAの論述試験で40点前後を獲得して合格している人が多いです。そして、これはあくまでも私の主観ですが、JCDAの論述問題のほうが、ある程度パターン化しているため、事前に勉強しやすく解答しやすいといった印象があります。

(4) 実技試験（面接試験）の2団体の違い

既に解説したように、キャリアコンサルタント試験は、以下2つの団体により行われています。

◆キャリアコンサルティング協議会
　https://www.career-CC.org/
◆日本キャリア開発協会（JCDA）
　https://www.j-cda.jp/

■図表 1-8　試験の平均点

協議会

	学科 (100 点満点)	実技 (150 点満点)	論述 (50 点満点)	面接 (100 点満点)
第 1 回	75.3	95.5	33.8	62.6
第 2 回	74.6	96.9	35.8	62.0
第 3 回	72.6	93.9	33.9	60.7
第 4 回	63.3	97.0	34.2	63.7
第 5 回	68.4	95.5	33.5	63.1
第 6 回	72.3	96.4	34.9	62.4
第 7 回	69.5	94.9	33.4	62.3
第 8 回	72.3	94.1	32.3	62.2
第 9 回	64.0	93.8	32.3	62.3
第 10 回	72.2	95.4	34.3	61.9
第 11 回	71.0	95.6	35.5	60.8
第 12 回	75.8	92.0	31.9	60.9
第 13 回	74.9	90.9	31.1	60.5
平均点	**71.2**	**94.8**	**33.6**	**62.0**

JCDA

	学科 (100 点満点)	実技 (150 点満点)	論述 (50 点満点)	面接 (100 点満点)
第 1 回	74.4	87.3	34.2	54.3
第 2 回	74.5	92.6	36.0	57.4
第 3 回	71.6	93.1	35.4	58.6
第 4 回	62.0	93.5	36.0	58.5
第 5 回	68.5	93.9	37.3	58.1
第 6 回	71.5	94.3	36.0	59.1
第 7 回	69.7	97.1	37.5	60.9
第 8 回	71.0	96.2	36.8	60.3
第 9 回	64.3	94.4	35.2	60.3
第 10 回	71.5	94.4	34.9	60.3
第 11 回	71.2	97.0	36.8	61.2
第 12 回	76.1	95.1	35.6	60.4
第 13 回	74.7	93.5	34.5	59.9
平均点	**70.8**	**94.0**	**35.9**	**59.2**

①　2団体の面接試験の共通項

　キャリアコンサルタントの面接試験は、学科・論述試験日の約1～2週間後に、約2日間（主に土日）で設定されています。受験するのはいずれか1日間で、午前と午後の部に分かれています。受験地は選択することが可能ですが日時の指定はできません。事前に面接の日程が決まっているためそれを確認しておき、その日に受験可能かどうか検討する必要があります。試験前には受験票が送付されてきます。そこで初めて自身が何日の何時から面接試験が開始するのかを知ることになります。

　面接試験については、過去問の公開はありません。当日に注意事項や相談者情報が書かれた用紙を、面接試験直前に手渡されますので、それを確認して試験に臨みます。

　試験内容は、「面談開始から最初の15分間」という設定で実際のキャリアコンサルティングを行います。試験会場（主に会議室等）には、2名の試験官と相談者役、そして受験生の4人がいます。15分間経過したのち、すぐに試験官からの質問に受け答えする「口頭試問」が行われます。口頭試問は5分間程度です。

　また、面接試験の過去問題は2団体ともに公表していませんが、これまで行われた試験での相談者の設定は、大枠では次のように分類できるようです。

- ・大学生からの就職についての相談
- ・若年層からの仕事の相談
- ・中高年男性の仕事の相談
- ・中高年女性の仕事の相談

　実技面接試験の内容は、初回面談の最初の15分間に当たるため、「はじめまして」等のあいさつや自己紹介などを行った後、キャリアコンサ

ルタント（受験者）が相談者に「今日はどのような相談でしょうか」と問いかけるところから始まります。

②　2団体の面接試験の特徴

【キャリアコンサルティング協議会】

●相談者の第一声

　相談者の第一声が長いです。最初に相談者が相談したい内容を1分～2分程度話してくれます。その際に相談者は言いたいことを細かく長く話してくれる傾向にあります。

●時計

　机の上に置時計が置いてあります。

●メモ

　メモを取ることは禁止されています。

●最初の場の設定

　自由に行うことができます。

【日本キャリア開発協会（JCDA）】

●相談者の第一声

　相談者の第一声が短いです。例えば、「私、もう本当に会社にいくのが毎日辛くて転職しようかと考えているんです」という短い出だしに対してカウンセリングをスタートさせます。

●時計

　置時計はなく自身の腕時計を見るか、時間は気にしないかです。

●メモ

　メモを取ることは許可されます。最初にメモ用紙を使うか使わないか試験官から確認されます。もし使う場合は、個人のものではなくJCDA が用意したメモ用紙を使用することになります。

●最初の場の設定

　「椅子の位置調整や守秘義務の説明は省いてください」と試験官から説明があります。

③　面接試験後の口頭試問

　「口頭試問」とは、15分間の試験終了後に行われる試験官からの質問への受け答えのことを言います。その際に何を訊かれるか、2団体それぞれの特徴を解説します。

【キャリアコンサルティング協議会】

キャリアコンサルティング協議会の場合は、次の質問が行われます。
・できたこと、できなかったこと（よくできたこと、改善点）
・相談者から見た問題点
・キャリアコンサルタントから見た相談者の問題点
・今後、この相談者とどのように関わっていこうと思うか

　これ以外の質問をされることは滅多にないようですが、試験官が何か確認したいと感じたことがイレギュラーで質問されることもあるようです。

【日本キャリア開発協会（JCDA）】

・よくできたこと、あまりできなかったこと
・相談者から見た問題点
・キャリアコンサルタントからみた相談者の問題点

・今後の展開について

・資格を取得したらどのように活かすか

※上記の質問への回答に関する試験官からの質問もあります。

　基本的に 2 団体でほぼ同内容の質問が行われるようですが、日本キャリア開発協会（JCDA）では、試験官からいろいろとフリーで質問されることが多いようです。つまり、受験生の回答内容に対して、さらに突っ込んだ質問をされることがあるということです。

　そのため、キャリアコンサルティング協議会の試験に比べ、事前準備が少し難しい印象があります。

　また、JCDA では、資格取得後のことについても質問されます。ここは具体的に熱意を持って自身のキャリアコンサルタントとしてのあり方や意気込みを伝えるところですね。

④　2 団体の面接試験の平均点

　前述の**図表 1-8** の面接試験の平均点に注目してください。

キャリアコンサルティング協議会：62.0 点
日本キャリア開発協会（JCDA）：59.2 点

　このような差があります。

　詳しく見ると、協議会は、第 1 回〜13 回まですべて 60 点を超える結果となっています。一方、JCDA が 60 点を超えたのは第 7 回〜12 回となっています。

　面接試験においてこのような結果となっています。この 2 団体の結果

からいえることは、実技面接試験においては、若干（3点程度）キャリアコンサルティング協議会のほうが合格平均点が高いということです。

前述した52ページの**図表1-7**を少し違った角度から見ると、養成講習を修了している場合は気にするほどではなさそうですが、実務経験のみで受験する場合はあきらかに日本キャリア開発協会（JCDA）のほうが合格率が低くなっている様子がわかります。これは、日本キャリア開発協会（JCDA）向けのキャリコンサルタント養成講習で取り扱う内容として「経験代謝」「自己探索」などがあり、これらのキーワードについて知識があり、実技面接試験の際に活用できるかどうかがポイントになってくるからです。この辺りを参考にするとよいと思います。

(5) 実技試験（面接試験）の評価項目とは何か

【キャリアコンサルティング協議会】

態度、展開、自己評価の3つが評価項目です。それぞれA～Cの判定となります（所要点未達の場合もあり）。3項目の点数の内訳は公開されていません。

態度、展開が15分間のロールプレイの評価となり、自己評価が口頭試問の内容の評価となるようです。

【日本キャリア開発協会（JCDA）】

主訴・問題の把握、具体的展開、傾聴、振り返り、将来展望の5つが評価項目です。それぞれA～Cの判定となります（所要点未達の場合もあり）。こちらもこの5項目の点数の内訳は公開されていません。

主訴・問題の把握、具体的展開、傾聴が15分間のロールプレイの評価となり、振り返りが口頭試問での内容の評価、将来展望が「資格をとったらどのように活かしますか？」の評価となるようです。

　 2 団体の評価項目を見てきましたが、大きく分けると 15 分間のロールプレイに対する評価と、その後の約 5 分間の口頭試問に対する評価があります。そして、JCDA のみ「資格をとったらどのように活かしますか?」という質問が 1 つ多く行われています。

※　第 15 回以降の論述試験の傾向
〈協議会について〉
　　協議会の第 15 回以降の論述試験は、問題文が「逐語」から「話した内容」へ変化しています。問われている内容の本質に変わりはありませんが、その解答のポイントだけ列記すると次のようになります。
　　過去 3 回分の問題と解答用紙は、協議会のサイトで公表されていますのでご確認ください。https://www.career-shiken.org/about/learninfo/

①　設問 1 のポイント
・相談全体の要約をするイメージで話をまとめる。
・そのため、なるべく本人が発していると思われる言葉を変えないで（事例記録を見て）、そのまま繰り返して転記（伝え返し）し、「感情の言葉」や「相談者の強い表現の言葉」を使って解答することが望ましい。
・全体をまとめることが必要であり、特に事例記録の前半に注目する。
・相談者が言っていることを勝手に変えない。

②　設問 2 のポイント
・問題文の最後のほうの「所感（キャリアコンサルタントの見立てと今後の方針）」は、解答欄の文中に空欄があり、その空欄にあてはまるように文章を整える必要がある。ただし、この形式は第 15 回のみ。第 16 回以降は、空欄はなくイチから解答文を作成します。各回の問題を参照してください。
・下線 B の質問をした後に、相談者からの回答が何か出てくる。その回答が『質問をした意図』になるので、明確に具体的に記述すること。

③　設問 3 のポイント
1) まず相談者の問題点を記述する。
2) その根拠を相談者の言動を抜粋して記述する。
　【例】
　1)　・～という点から、○○が問題。
　2)　・「～～」という発言から、自己理解が不足していることが見受けられる。
　　　・「～～」の発言から、仕事理解が不足している。

④　設問4のポイント
・設問3の解答と関連させること、設問3の解答にないことは記述しない。
・実際の相談プロセスに沿って記述していくとよい。
　　関係構築　→　自己理解　→　仕事理解　→　情報提供　→　意思決定の尊重
・方針とプロセスは分けて記述しても、一緒に記述をしてもどちらでもよい。
・キャリアコンサルタントとしての「情報提供、助言」にあたる部分であるため、
　各制度の理解や知識が必要となる。不安であれば記述しないこと。

〈JCDA について〉
　JCDA の第15回以降の論述試験は、問題文の量が変化しています。第14回まででは約1ページと少しでしたが、第15回から2ページ程度に増えています。問われている内容について変更はほぼありませんが、問題文を読み込むのに時間がかかります。解答のポイントだけ列記すると次のようになります。
　過去3回分の問題と解答用紙は、JCDA のサイトで公表されていますのでご確認ください。https://www.jcda-careerex.org/past.html

①　［問い2］から解答を開始する。理由として［問い1］はとても時間がかかるため。
　　参考解答順序：［問い2］→［問い3］→［問い4］→［問い1］

②　第15回配点：［問い2］15点、［問い3］10点
　　第16回配点：［問い2］10点、［問い3］15点へ変更

③　第16回　［問い3］解答欄の行数4行
　　第17回　［問い3］解答欄の行数5行へ変更

　なお、筆者が主宰するキャリコンシーオーのサイトでは、最新の論述試験の解答例を公開していますので、参考にしてください（論述試験解答例　https://caricon.co/category/ronzyutukaitourei/）。

第2章

何ができれば
合格なのか

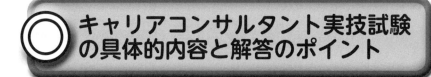

キャリアコンサルタント実技試験の具体的内容と解答のポイント

(1) キャリアコンサルタント実技試験とは

　キャリアコンサルタントの実技試験は、「論述試験」と「面接試験」の2つの試験で構成されています。

　論述試験は記述式です。問題文（逐語記録）を読み、キャリアコンサルタントとしてどのように相談者を支援するのか等を自身の文字で書き上げていく試験です。

　一方で、面接試験は15分間の面談を試験会場（会議室等）で行います。相談者役の人がいて、2名の試験官を目の前にして実際の相談業務を行い、そのあとすぐにその相談内容のことについて試験官からの質問（口頭試問）が始まります。

　この15分間というのは、実務での「初回面談の最初の15分間」という設定です。実際に相談者と面談する際には30分～90分という時間を設けます。その時間の最初の15分を切り取ったところが実技面接試験です。

　このように実技試験には2つの試験が含まれています。

(2) 過去問題を無料で入手する方法

　資格試験全般にいえることですが、その試験の「過去問題」はこれから合格を目指す人にとっては大変重要です。キャリアコンサルタントの試験も同様です。

　そのため、まずは過去に出題された問題「過去問題」を入手すること

をおすすめします。キャリアコンサルタント試験に関しては、「学科試験」と「実技（論述）試験」の過去直近 3 回分が各サイトに掲載されています。

なお、「実技（面接）試験」はこれまで過去問題の掲載はありません。

①　過去問題ダウンロードの方法

過去問題が掲載されているサイトの URL は、次の通りです。

◆キャリアコンサルティング協議会

　https://www.career-shiken.org/past.html

◆キャリア開発協会（JCDA）

　https://www.jcda-careerex.org/past.html

各団体のサイトから過去問題をダウンロードしてください。学科試験は問題と解答があります。実技（論述）は問題のみで、解答例はありません。

②　過去問題入手時の注意点

過去問題入手に当たり、気をつけていただきたいことがあります。

それは何かというと、これまで常に 2 団体ともにサイト内で直近過去3 回分が掲載されています。新しい問題が追加されると一番古い問題は削除されています。

いつ、そのようになるかというと、新しい過去問題は学科試験と実技（論述）試験日の翌日の朝 10 時に各サイトに掲載されます。

つまり、試験日の翌朝には最新の問題が入手できるということになります。

本書を読まれていて、キャリアコンサルタントの資格取得を目指されている人は、一旦この本を横においてもらって、今すぐ過去問題をダ

ウンロードすることをおすすめします。現在はこれ以外キャリアコンサルタント試験の過去問題を入手する方法がないようなので、ぜひ更新される前に過去問題をダウンロードしておきましょう。

(3) 論述と面接試験の関係性（合格点 90 点以上の秘密）

　前述のように、キャリアコンサルタントの実技試験は、論述試験と面接試験の2つの試験からなります。論述試験は記述式（50分間）、面接試験は15分の面談を試験会場で行い、その後、試験官からの質問が始まります（口頭試問）。

　2つの試験共にそれぞれ点数がつけられ、論述試験は50点満点、面接試験は100点満点です。合計150点満点となります。そのうち90点以上が合格点です。

　例えば少し極端ですが、論述試験が0点で面接試験が100点だった場合はどうなるでしょうか？　両方合わせると90点以上なので合格、と言いたいところですが、この場合は「所要点未達で不合格」となります。

　論述試験は50点満点中の4割（20点）以上が必要で、面接試験は100点満点中の4割（40点）以上が必要になります。それぞれのこの点数を下回った場合は、合計で90点以上でも不合格となります。このように考えていくと論述と面接試験はバランスよく点数を獲得する必要があります。

　そして、キャリアコンサルタント実技試験合格のためのポイントは<u>論述試験で高得点を目指すこと</u>です。私はこれまでキャリアコンサルタントを目指す受験生へ数々のサポートを行ってきましたが、なぜか受験生は面接試験、いわゆるロールプレイにはとても力を入れて取り組むのに対し、論述試験はほったらかしの場合が多く見受けられます。

　惜しくも不合格となり、次回合格に向けてその受験生のためだけの合

格計画を立てる際に、結果表（合否通知書：点数の内訳が記載されている成績表のことです。合否発表日に受験者全員へ発送されます）を拝見すると論述の点数があと 2 点高ければ合格していたのにもったいない！と感じることが多々あります。

　例として、実際に拝見した通知書では次のような場合が多いです。

（例 1）
　　論述 30 点＋面接 58 点　⇒合計 88 点で不合格
（例 2）
　　論述 28 点＋面接 61 点　⇒合計 89 点で不合格

　これまでの合格パターンからいえることは、論述試験が 30 点前後というのは少し低い点数だということです。できれば 35 点以上を目指して勉強していただきたいです。

　ちなみに、2 団体のこれまでの試験結果の平均点数を確認すると、次のようになります。

```
◆キャリアコンサルティング協議会
　　論述　33.6 点
　　面接　62.0 点
　　（合計　94.8 点）
◆日本キャリア開発協会（ＪＣＤＡ）
　　論述　35.9 点
　　面接　59.2 点
　　（合計　94.0 点）
```

　キャリアコンサルティング協議会では合計 94.8 点、日本キャリア開発協会（ＪＣＤＡ）では合計 94.0 点で合格しているパターンが多そう

です。

　2団体の論述の平均点を見ると、協議会では33.6点、ＪＣＤＡでは35.9点、これらの点数以上の獲得が合否を分けるラインとなっているようですね。

　そして、受験生は面接試験に苦手意識を持っており「面接試験をどうするか」ということばかりに気をとられていて論述試験の対策は後回しになっているようです。

　これまで私がサポートした受験生に関して、前回不合格で私が主催する論述対策コースの講座を受講して合格した方々の結果を紹介します。

```
◆50代男性
　【キャリアコンサルティング協議会】
　　論述　37点
　　面接　54点
　　（合計　91点で合格）
◆40代男性
　【キャリア開発協会（ＪＣＤＡ）】
　　論述　43点
　　面接　52点
　　（合計　95点で合格）
```

　この2名は、面接試験に対してとても苦手意識をお持ちでした。

　先ほどの平均点と比べていただくと、面接試験の点数が平均点を下回っているにもかかわらず、適切な論述対策を行い、無事、試験に合格できたことがわかります。

　これから合格を目指す方はぜひ、論述試験についてしっかりと事前の準備をしてくださいね。

(4) 論述試験の解答例とそのポイント
［キャリアコンサルティング協議会］

①　全体的な解答の方法

　以下の点に気をつけると、解答の不備による減点を避けることができます。

- ・1 行約 40～50 文字程度（なお、実際の解答用紙は A4 判の大きさです）。
- ・行数はなるべくすべて使用するようにする（5 行あるのに 2 行しか記述しないなどは×）。
- ・なるべくはみ出さないように。また小さく文字を書いて 1 行に 2 行書くことはしない。
- ・誤字、脱字に注意。
- ・設問に書いてある「応答」「記述」「働きかけ」「助言・教示」等の指示に対して適切に解答する。

②　解答に取りかかる前に

「1．相談者情報」を必ず見てその背景を知る。
「2．来談の経緯」→来談時期、どのようなタイミングで来談しているのか等がとても重要。

　いきなり問題文を読むのではなく、まずはこれらを読み、年齢、性別、独身、両親と同居 or 一人暮らし、家族構成といった相談者の背景を確認します。

③ オリジナル模擬問題

　では、どのように出題されるのかを体験していただくために、次のオリジナル模擬問題（キャリアコンサルティング協議会向け）をご覧ください。

キャリアコンサルタント実技（論述）模擬問題
＜キャリアコンサルティング協議会向け＞

問題　次の【事例記録】を読み、以下の設問に答えなさい。解答は
　　　解答用紙の設問ごとに記述すること。

【事例記録】

1. 相談者情報
　・Ｙさん24歳女性。4年制大学（英文科）卒業後、私立高校に
　　教員として勤務。
　・家族構成：父（会社員）、母（パート社員）。両親と実家で同居。

2. 来談の経緯
　・平成30年12月初旬、本人の希望で来談。
　・Ｙさんは大学で英語を専攻し留学なども経て、長年の夢だった
　　教師として私立高校で英語を担当。現在副担任で1年勤務して
　　来年からは担任として勤務予定だが、自分は教師に向いていな
　　いのではないかと思い、この先どうしたらよいかわからず来談
　　した。

3. 逐語（一部抜粋）：ＣＣはキャリアコンサルタント、ＣＬは相談
　　者の発言を示す。

（これより以前の逐語は省略）

CC1	長年の夢だった英語の教員になったものの、自分には教師は向いていないのではないかと悩んでいらっしゃるということですね。話しやすいところからもう少し詳しく話していただけますか？
CL1	はい、高校生の頃から英語を使った職業につきたいと考えていて、教師を目指して大学は英文科で、留学も経験してこれからのグローバル社会に対応できるような教育を考えていて、世の中に貢献したいと思ってきました。でも、実際にクラスの副担任を経験してみて、担任の先生がやっているようなことをあと3か月で自分ができるのかな、と不安になってきました。
CC2	空　欄　A
CL2	その担任の先生はベテランの方で特に大きな問題もなく、まとまりあるクラスになりました。すごいなって思います。でも、私が担任になったときに何か問題が起こったらすぐにそこに対応できるのかどうか…。こんなことを思うのは教師に向いていないからなんじゃないかなって。今後どうしたらいいかわからなくて困っています。
CC3	自分が担任になって何か問題が起こったときにすぐに対応できるのか、そして、こんなことを考えるのは教師に向いてないからなのではないかと思い、どうしていいかわからなくなっているのですね。

CL3	そうなんです。このあいだ「授業不成立」をテーマにした研修があって参加してきました。その中でいくつかの事例発表があったのですが、その１つに、生徒同士が授業中にふざけあって、それがどんどん周りにも広がってしまい、その授業が中断されてしまった。そこでそのクラスの担任へ報告をしたものの何も行動をしなかった。なので、そのクラスの他の教科の授業でも同じようなことが続いてしまい、結果、学校全体での大問題へと発展した、という内容でした。生徒同士がふざけ合うことなんて、よくあることだと思っていましたが、こんな僅かなことが大問題へと発展していくんだなと、とても落ち込みました。
CC4	研修に参加してその事例に対してとても落ち込んでいらっしゃるんですね。
CL4	そうですね。同じような場面で、もし私がその担任だったら何ができるのかなって思います。

（中略）

CL○	問題が起こったとき自分に何ができるのかなって思ったということですが、ではそのために　空欄　B　について改めて考えてみてはいかがですか？
CC○	なるほど、そうしたら具体的にどのようにすればいいのかなあ。

【設　問】

【設問 1】

逐語の空欄 A で、キャリアコンサルタントとしてあなたなら CL1 の発言に対してどのように応答をするか記述せよ。

【設問 2】

あなたが考える、キャリアコンサルタントから見た相談者の「問題」を記述せよ。

【設問 3】

この事例の展開に関し、以下の設問に答えよ。

(1) Y さんに対してどんな提案を行うか。逐語の空欄 B に入る、キャリアコンサルタントとしてあなたが考える提案を 2 つ記述せよ。

(2) 設問 3（1）で解答した 2 つのうちどちらかを選択して、キャリアコンサルタントとしてあなたはこの面談で、これからどのような働きかけを行うか、具体的に記述せよ。

＜協議会向け＞オリジナル論述問題解答練習用紙

【設問1】逐語の空欄Aで、キャリアコンサルタントとしてあなたならCL1の発言に対してどのように応答をするか記述せよ。

_____

_____

【設問2】あなたが考える、キャリアコンサルタントから見た相談者の「問題」を記述せよ。

_____

_____

_____

_____

【設問3】この事例の展開に関し、以下の問いに答えよ。
（1）Yさんに対してどんな提案を行うか。逐語の空欄Bに入る、キャリアコンサルタントとしてあなたが考える提案を2つ記述せよ。

　　　① _____

　　　② _____

（2）設問3（1）で解答した2つのうちどちらかを選択して、キャリアコンサルタントとしてあなたはこの面談で、これからどのような働きかけを行うか、具体的に記述せよ。

　　□　←設問3（1）で解答した2つのうち、いずれかの番号（①又は②）を記入。

_____

_____

_____

_____

_____

_____

裏面や欄外へ記入した回答は無効とします。

実際の解答用紙は、Ａ４判の大きさです。

76

④　オリジナル模擬問題解答例

（設問 1）
　長年の夢だった教師となり、グローバル社会に向けて英語を活かした教育をと考えて副担任として勤務していたけれど、あと 3 か月で今の担任の先生がやっているようなことを自分ができるのかなあ、と不安になってきたんですね。

　なるべく本人の発言を、逐語を見て一字一句変えないでそのまま繰り返して転記し、オープンクエスチョン、繰り返しなどカウンセリング技法を用いて解答することが望ましいです。勝手に、相談者が言っていることを変えません。

解答用紙の設問を見てください。「～どのような応答をするか」と問われています。応答とはなんでしょうか？

（設問 2）
　相談者は、まだ 1 年も経たないうちに「向いていない」という短絡的な発言があり自己理解不足が感じられる。また、学級担任業務に必要なスキル等の確認が曖昧で仕事の理解不足が見受けられる。他に、研修での事例で落ち込みを見せるなど自己効力感の低下も見られる。以上が問題点である。

　相談者の「思い込み」と「情報不足」は何でしょうか？　このキーワード（思い込み・情報不足）をなるべく解答に入れるようにします。また、次のような専門用語を取り入れて解答することも大切です。
　例）自己理解、仕事理解、自己効力感、イラショナルビリーフ、リソース、認知、アセスメントツール、エンプロイアビリティ 等

解答用紙の設問を見てください。「記述せよ」とあります。
応答ではありません。

「思い込み」と「情報不足」の例文は、次のようなものです。

・無理だと決めつけてしまい、そこに近づくための情報不足も感じ
　られることが問題である。
・○○○○○等の情報不足があるように感じる。
・○○○○○と思い込んでいる部分が見受けられ、仕事理解、自
　己理解の両方が不足しているように感じられる。
・他に自身のキャリアビジョンも明確化されていないところも問題
　である。
・自律的に考えられなくなり、中長期的な視点で自身のライフキャ
　リアプランについても考えていないことが問題である。
・相談者自身は自己理解不足で自律的に考えることができないとこ
　ろが問題である。
・相談者は憧れだけで実際の職業の内容について理解していない、
　つまり仕事理解不足が見受けられる。
・○○○○○○に関してイラショナルビリーフがあるように感じら
　れる。
・自分に何ができるのかわからず自己理解不足が感じられる。
・会社とのコミュニケーション不足が見受けられる。

（設問3（1））
①　ご自身の中長期的なキャリアライフプラン
②　キャリアパス（学校内の人材育成）について知るということ

　ここはキャリアコンサルタントとしての「情報提供、助言」に当たる部分です。そのため、各制度の理解やその情報の知識が必要となります。①と②、両方について必要となります。必要とされる知識は、次のようなものです。

・求職者支援訓練とはどのような制度なのか？
・ジョブ・カードとはどのような制度なのか？
・同じ会社で5年間勤務すると有期→無期へ。これは正社員転換ということか？
・産前産後休業とは具体的には？　育児休業とは具体的には？
・介護で国が定めているのは？
・大学生の就活スケジュールは？
・人事評価制度とはどのような制度なのか？
・パートタイム社員とは？

（設問3（2）①）
　引き続き相談者の「落ち込んでいる」というところに寄り添い、傾聴しラポールを形成しながら、2年目となることをコンプリメントする。学校内での他の先生、特に経験の長い先生がどのようにしているのかを知ることができるようサポートする。そして学校側が求めている能力等についても知ることができるよう促す。その上で、今後相談者自身がどのように今後の人生について考えていくのか、中長期的なキャリアライフプランを作成することを提案し、自身が活きいきと仕事をしていけるよう、また自律的に考えられるようサポートする。

　（1）で答えた①または②のどちらかを選択し、その「情報提供、助言、働きかけ」に関して、より具体的に伝える必要があります。

今後の働きかけの具体的記述としては、次のような例が挙げられます。

・自分自身のスキルに自信を持っていただけるよう、今後の中長期
　のキャリアプランの計画や明確なキャリアビジョンが描けるよう
　サポートし、職業能力開発の方向性が明らかになるように働きか
　けを行う。
・○○○○○○について「気づき」を促していく。
・相談者自身が自律的に考えられるようサポートする。
・自身のキャリアビジョンの明確化のサポートを行う。
・○○○○○○について短期、中期のキャリアプランの作成を提案
　すると共に相談者自身が自律的に考えられるようサポートを行っ
　ていく。そして中長期的なライフキャリアプランを一緒に確認す
　ることにより、今後相談者がいきいきとした人生を過ごせるよう
　サポートする。
・まず最初に相談者の悩みに寄り添い、傾聴しラポールを形成しな
　がら、キャリアの棚卸を行い、自身で考えてもらう。
・最終的には自身がどうなりたいかを明確化し、自律的に考えられ
　るようにサポートする。
・これからの能力やスキルについて知ることができるようサポート
　する。
・今後の人生についてどのように考えていくのか、中長期的なキャ
　リアライフプランを作成することを提案し、自身がいきいきと仕
　事をしていけるよう、また自律的に考えられるようサポートする。
・他の業界へも目を向けてみるのか、自律的に考えられるよう支援
　する。
・○○○○○○を知ることができるようサポートを行い、自律的に
　考えられるよう働きかけを行う。

⑤　第 10 回国家資格キャリアコンサルタント論述試験　解答例

[キャリアコンサルティング協議会]

下記は、実際の協議会の第 10 回試験についての解答例です。記述の仕方の参考にしてみてください。

【設問 1】

今年 58 歳で定年後の仕事について考えていて、会社に残る道もあるけど地方に飛ばされるかもしれないし収入がだいぶ減ることもあり、また自分が他の会社で通用するか不安なんですね。

【設問 2】

相談者は定年後のセカンドライフについて、仕事をして収入を得たいと思っているが、自分に何ができるのかわからず自己理解不足が感じられる。今の会社に残る道に関してネガティブなイメージのみで再雇用制度に関する情報も曖昧で会社とのコミュニケーション不足があり、仕事理解も不足している。他に家族とのコミュニケーション不足も感じられる。以上が問題である。

【設問 3】

(1)

　①定年後のキャリアライフプラン

　②社会で自分が必要とされるやりがいのある仕事

(2)　①

引き続き相談者の悩みに寄り添い、傾聴しラポールを形成しながら、これまで 36 年間長く勤務されてきたことをコンプリメントする。会社の再雇用制度の詳細について知ることができるようサポートを行い、その際の高年齢雇用継続給付金について情報提供を行う。また会社の関係者や知人などから得られるサポートや同じような状

況の中で上手く対応したモデルなどがないかも確認する。そして、退職後自身がどうなりたいか、家族のこと（学費や今後の生活費など）を含め経済的に余裕のある生活のために自律的に考えられるよう働きかけを行う。

（5）論述試験の解答例とそのポイント
［日本キャリア開発協会（JCDA）］

① 全体的な解答の方法

　以下の点に気をつけると解答の不備による減点を避けることができます。

- ・1行約40〜50文字程度（なお、実際の解答用紙はA4判の大きさです）。
- ・行数はなるべく、すべて使用するように（5行あるのに2行しか使用しないなどは×）。
- ・なるべくはみ出さないように。また小さく文字を書いて回答欄の1行に2行書くことはしない。
- ・誤字、脱字に注意。

② 解答に取りかかる前に

　最初に書いてある「相談者情報」を必ず見てその背景を知るようにします。いきなり問題文を読むのではなく、まずはここを読み、年齢、性別、独身、両親と同居or一人暮らし、家族構成といった相談者の背景を確認します。

③　オリジナル模擬問題

　では、どのように出題されるのかを体験していただくために、次のオリジナル模擬問題（日本キャリア開発協会（ＪＣＤＡ）向け）をご覧ください。

キャリアコンサルタント実技（論述）模擬問題
＜日本キャリア開発協会（JCDA）向け＞

設問

　事例Ⅰ・Ⅱ共通部分と事例Ⅰ、Ⅱを読んで、以下の問いに答えよ（事例ⅠとⅡは同じ相談者（CL）、同じ主訴の下で行われたケースである）。

相談者（CLと略）：28歳男性　正社員（人事・会計コンサルティング会社）4年制大学経済学部卒、入社5年目、独身、一人暮らし

キャリアコンサルタント（CCtと略）：相談機関のキャリアコンサルティング専任社員

【事例Ⅰ・Ⅱ共通部分】

CL1	これから今の職場でどうすればいいかわからなくなって、相談にきました。
CCt1	これから今の職場でどうすればいいかわからなくなった、どういうことか話していただけますか？

CL2	今回の人事異動で私としてはまったく希望の部署でないことがあり、とてもショックで…。
CCt2	そうですか。希望の部署ではない異動にショックを受けられているんですね。
CL3	はい。5年前に今の会社に入社して会計に関する研修プログラムを企業に提案する営業を担当しているうちに、自分でも講師として活躍したいと思って、研修企画部への異動願を出し続けました。そしてやっと1年前に異動がかなって、とても満足していたのですが、今回別の新たな部署へ異動となりました。そこは新しく拠点を立ち上げるということで、仕事内容はまた前回と同じで営業と事務を兼ねた内容です。人数が少ないのでなんでもやらないといけない感じの仕事です。今の部署での経験が活かせるとは思えません。

【事例Ⅰ】

CCt4	今回の異動は納得できないということですか。
CL4	納得できない、というよりは私のことをちゃんと上司がわかってくれているのかと感じています。
CCt5	そうですか。仕事を続けることができないとなると転職も視野に入れておられると思いますが、何か具体的に考えていらっしゃいますか？
CL5	これまで、一生懸命に仕事に取り組んできたので自

	分には何が向いているのかあまり考えたことがありませんし、どうやって探したらいいのかもわかりません。
CCt6	それではこれまでのご自身の仕事の内容を振り返ってみてスキルや興味などを整理して求人情報を見てすすめていきましょうか。
CL6	え…。そうですね…。
CCt7	これまでの仕事経験の中で一番やりがいがあったことなどを話していただけますか？　最初はそこからはじめていきましょう。
CL7	えーと、はい…。よろしくお願いいたします…。

【事例Ⅱ】

CCt4	<u>「ショックを受けた」と言われましたが、最近はどんなことがありましたか？</u>
CL4	はい、上司から「新規立ち上げの部署には顧客のニーズをよくわかっている経験者が必要なんだ。期待しているからよろしく」と言われました。新しく立ち上げた部署のリーダー的な役割らしいです。上司は私が希望してやっと研修企画部に異動になったことを知っているのに…。
CCt5	それでやる気をなくしたのですね。
CL5	そうなんです。やる気をなくした…。そうですね、

	むしろ見放されたという感じですね。
CCt6	<u>見放された？　どうしてですか。</u>
CL6	もしかしたら、私には研修講師として見込みがないと思われてしまったのではないかと…。そう思うと怖くてそれ以上聞くことができませんでした。私が思い描いていたキャリアの道が今回の異動で中断されたような思いです。
CCt7	怖くてそれ以上聞くことができず、キャリアの道が中断されたように思っている。
CL7	そうですね。何かむなしい感じで…。

[問い1]

　事例ⅠとⅡはキャリアコンサルタントの対応の違いにより展開が変わっている。事例ⅠとⅡの違いを下記の4つの語句（指定語句）を使用して解答欄に記述せよ（同じ語句を何度使用しても可。また語句の使用順は自由）。

　　指定語句　　　| 固有　　経験　　感情　　ものの見方 |
|---|

[問い2]

　事例ⅠのCCt5と事例ⅡのCCt4、CCt6のキャリアコンサルタントの応答が、相応しいか、相応しくないかを考え、「相応しい」か「相応しくない」かを記入し、その理由も解答欄に記述せよ。

［問い3］

　事例Ⅰ・Ⅱ共通部分と事例Ⅱにおいて、キャリアコンサルタントとして、あなたの考える相談者の問題と思われる点を解答欄に記述せよ。

［問い4］

　事例Ⅱのやりとりについて、あなたなら今後どのようなやりとりを面談で展開するか、具体的に解答欄に記述せよ。

＜ＪＣＤＡ向け＞オリジナル論述試験解答練習用紙

設問

[問い1]

_____

_____

_____

_____

_____

_____

[問い2]
事例ⅠのCC5　相応しいか相応しくないかを記入（　　　　　　　　　）
その理由：

_____

事例ⅡのCC4　相応しいか相応しくないかを記入（　　　　　　　　　）
その理由：

_____

事例ⅡのCC6　相応しいか相応しくないかを記入（　　　　　　　　　）
その理由：

_____

[問い3]

_____

_____

[問い4]

_____

_____

_____

_____

_____

裏面や欄外への記入の回答は無効とします。

実際の解答用紙は、Ａ４判の大きさです。

④　オリジナル模擬問題解答例

［問い1］
　事例Ⅰでは「とてもショックで」と相談者が言っているにもかかわらず、感情に焦点を当てないキャリアコンサルタント固有の偏ったものの見方がされており、共感しないままに目標を提示している。一方で、事例Ⅱでは相談者の感情に寄り添いながら自身の経験を語ってもらうことにより、むなしいということに気づき、コンサルティングが展開している様子がわかる。

ポイント

・まず事例Ⅰと事例Ⅱを読んで、どちらが良い展開をしているか、していないかを考えて、わかるように○または×などを問題用紙に記入しておく。
・先に良い展開をしているほうの文章を考える。
・良い展開をしていない文章を、先に考えておいた良い展開をしている文章と比較するような形で文章化する。
・文章化する際に指定語句を使った文章を1つずつ作成する。それから文章を組み立てていく。
・問い1の回答欄の半分ずつで記述する。
・書き出しと転換の書き方「事例1では……。一方、事例Ⅱでは……。」

例文としては、次のようなものです。

◆良い展開をしている場合の言い回し
　・問題解決に向かう展開となっている
　・相談が展開している

・気づき、コンサルティングが深まり

・決断を促す展開となっている

・自己概念が明確化され

・CL 自身が自己の考え方に気づき始めている

・感情に寄り添いながら

・気持ちの整理を一緒に行うことで

・問題解決を促している展開となる

・認知の歪みや主訴の把握の展開ができている

・思いや気持ちなどを理解

◆良い展開をしていない場合の言い回し

・抵抗を示し、展開には至らない

・解決にはつながっていない

・問題解決へと向かうことなく展開には至らない

・CL の気持ちが置き去りにされている

・問題解決へと向かわず展開していない

・その後の展開で自己洞察は深まっていない

・断定的な展開である

・共感しないままに目標を提示している

・感情を受け止めず

・寄り添うことをせず

・指示的な助言が中心となり問題解決に結びついていない

・キャリアコンサルタント自身の価値観や固定観念に基づいた断
　定的な展開

［問い2］

（事例Ⅰ・CCt5）…相応しくない

　相談者が「とてもショックで」と言っているのに感情を聴くことなく相談者が言っていない「転職」などキャリアコンサルタントの主観の入った応答となっている。

（事例Ⅱ・CCt4）…相応しい

　相談者の感情の言葉を繰り返し、受け止め、それに対するオープンクエスチョンを行うことで相談者の自己探索を深める応答となっている。

（事例Ⅱ・CCt6）…相応しい

　相談者の発言した「見放された」からさらに「むなしい」と別の気持ちを引き出し、それに対する自己の感情を明確にする応答となっている。

・問い1で○と×をつけた事例の確認。
　　○＝相応しい
　　×＝相応しくない
　　「相応しい」、「相応しくない」について先に解答する（解答用紙に記入する）。
・逐語記録内のCCtの文章を用いても良い（主訴など）。
・指定の行以前の文章はCLの発言したキーワードをそのまま転記すると良い。

例文としては、次のようなものです。

◆相応しい場合の言い回し

- どのように対応すればよいかという主訴に向け展開する応答になっている
- 相談者の内省を促し、コンサルティングが展開している応答である
- 相談者の感情に対して感情が生じたきさつを問いかけている
- 自己の感情を明確にし
- 内的感情の言語化を促す
- 相談者の自己探索を深める
- その感情が生じた経験について問いかけているため
- 相談者の感情について相談者自身に考えてもらうための問いかけをしているため
- 感情表現に焦点を当てることで
- 相談者の言葉を受け止め、その言葉の意味について問いかけている
- 開かれた質問をすることで相談者の中にある感情を明確化し、自己探索を促す応答である
- 相談者の整理がつかない主な原因の○○を明確化するため○○の意味を言語化してもらうことにより、心の葛藤の感情を整理する応答である
- 経験の再現ができている
- 開かれた質問をすることで相談者の内的探索を促せている
- 相談者が何度も繰り返す「○○」という発言に対してどんな意味があるのか、自己探索を促している
- 葛藤する感情を整理し、イメージしにくかった相談者の感情を明確化し問題解決への糸口へつなげている
- 相談者の状況を伝え返した上で、その状況について相談者自身

で考えることができるような問いかけができている

◆**相応しくない場合の言い回し**
- ・その感情とは関係のない別の問いかけを行っている
- ・相談者を困惑させる応答となっている
- ・相談者中心でないため、抵抗を示している
- ・相談者の内省が遮断され、相談者中心でない応答である
- ・相談者自らが問題解決に向かうことを阻止した応答である
- ・相談者の感情に対して制限を与えるような問いかけをしている
- ・相談者の感情に対する問いかけを行っているがキャリアコンサルタントの主観的の入った応答である
- ・内的な感情を受け止めることなく
- ・相談者が言ってもいないことをキャリアコンサルタントが発言することで内的な混乱を招く応答である
- ・いきなり指示的な関わりを
- ・キャリアコンサルタントの主観的な不適切な応答である
- ・相談者の感情を聴かないままに、キャリアコンサルタントの主観的な応答をしている
- ・相談者の内省が中断されてしまう応答である
- ・一方的に方向づけてしまう応答である
- ・事柄自体にフォーカスされており、相談者の自己探索がすすまない展開となっている
- ・キャリアコンサルタントの主観、価値観のみの提案であり断定的である
- ・キャリアコンサルタントが興味のあることのみを一方的に質問しているから
- ・CL6 の発言は CCt6 の提案に抵抗した内容である
- ・相談者の内的な感情を引き出すことを阻止している応答である

［問い3］
　相談者は会社側が求めているものを確認することなく、異動となったことにショックを受け上司とのコミュニケーション不足も見受けられ、もしかしたら私には研修講師として見込みがないという思い込みも感じられる。以上が問題点である。

【書き出し〜終わり】
　「相談者は……というところが問題である。」

例文としては、次のようなものです。

◆「思い込み」と「情報不足」を書く

・コミュニケーションが不足しているため

・○○との思い込みがあり

・○○に気づけていなかったこと

・○○をするにはどうしたらよいか考えられていないことが問題点である

・○○の自己理解が不足している

・○○の仕事理解が不足している

・どうすればそれが実現できるのか、考えられていない

・○○の内容について確認することなく

・○○が明確でないため自身の思い込みで

・どのようにしていくのが良いのかを具体的に考えていないこと

・短絡的に考えていること

・中長期的な視点で仕事を捉えられていないこと

・自身の歪んだ考え方に気づいていないことが問題である

・本来の意味や情報について確認しようとしていない

・認知的歪みや決めつけが生じていること

・客観的に見極めることができていない

・思い込みを持っている

［問い4］

　引き続き相談者の「むなしい」気持ちに寄り添い、ラポール形成を行いながらこれまでの研修企画部としての仕事をコンプリメントする。会社側が求めている新しい部署の内容や方向等、上司に相談し知ることができるようサポートする。他に上司とのコミュニケーションを図り、自身の思い込みに気づいてもらい、今後相談者の目指す仕事のスタイルや、やり方を明確化できるよう促していく。

ポイント

【書き出し】

・引き続き、相談者の○○な気持ちに寄り添い、ラポール形成をしながらこれまでの○○を頑張ってきたことをコンプリメントする。

※「○○」に入る言葉は、逐語から感情や特徴的な強い言葉を抜き出す。

例文としては、次のようなものです。

◆今後の展開（目標や方策）

・これまでの○○を認め、コンプリメントしながら○○に焦点を当て○○を提案する

・○○年やってきた職務に関する棚卸をすることで相談者自身の強み、自分らしさに気づけるよう促し、今後いきいきと相談者自身が働いていけるようサポートしていく

・○○という姿勢は支持しながら自身のスキルや強みについて明確化することを勧める

・相談者が職場で能力やスキルを活かし、前向きに働いていけるようサポートする

・相談者自身が自律的に考えることができるようサポートしていく

・相互理解を図れるよう促す

・自身の思い込みに気づき、前向きに仕事に取り組めるようサポートしていく

・相談者が目指している仕事のスタイルを確立できるよう目標設定することをサポートしていく

・人事や上司に尋ねてみることを提案する

・自身の現状や気持ちについて相談することで

・○○の矛盾について自覚してもらう

・相談者の○○な動揺した気持ちに寄り添う

・○○の情報を収集し、確認することを提案する

・家族と十分に話をするよう勧め、家族から応援してもらい

・相談者の価値観について問いかける

・相談者自身で答えを見つけていけるようサポートする

・客観的に理解するよう促す

・自尊感情も保てるよう促していく

⑤　第 10 回国家資格キャリアコンサルタント論述試験　解答例
　　［日本キャリア開発協会（ＪＣＤＡ）］

　下記は、実際の JCDA 第 10 回試験についての解答例です。記述の仕方の参考にしてみてください。

［問い 1］
　事例Ⅰでは相談者の感情を聴くことなく、キャリアコンサルタントの主観の入った助言が行われ、その内容は相談者に寄り添うことなく一般化された発言となっている。
　一方で事例Ⅱでは相談者の言葉をくり返すことにより、これまでの経験を語ってもらうことにより自己探索が深まっている様子が伺える。また個々の問題が明確化され最後のほうでは相談者自身が新たな気持ちに気づいている様子がわかる。

［問い 2］
（相応しくない）
　CL6 の相談者のノンバーバル（非言語）での小さな抵抗を確認することなくキャリアコンサルタントによる発言と誘導が見られる。

（相応しくない）
　CL7 の相談者からの抵抗を見逃しており、それをスルーしてキャリアコンサルタントの価値観を押しつけるような発言となっている。

（相応しい）
　キャリアコンサルタントが相談者の言葉を受け止め、くり返し、質問することにより相談者自身の自己探索が深まり新たな気持ちが出てきている。

［問い3］

　相談者はたった1年間で「向いていない」という短絡的な発言があり自己理解不足が感じられる。学級担任業務に必要なスキル等の確認が曖昧で仕事理解不足が見受けられる。他に、研修事例に対し強いショックを受け自己効力感の低下も見られる。以上が問題点である。

［問い4］

　これまでの相談者の「強いショックを受けた」という所に寄り添い、ラポール形成をしながら仕事に取り組んできたことをコンプリメントする。学校内での他の先生、特に経験の長い先生がどのようにしているのかを知ることができるようサポートする。「生徒とどんな関係を望んでいるのか」に対して、相談者自身が自律的に考えられるよう働きかけを行う。さらに学校側が相談者に求めているこれからの能力等について知ることができるよう促す。

(6) 実技面接試験の概要とそのポイント
　　［キャリアコンサルティング協議会］

　実技（面接）試験は15分間で、実際の相談者役を前にして相談業務を行い、そのあと試験官より、今のロールプレイについての質問（口頭試問）が行われます。実技（面接）試験自体は20分程度で終了します。

　この「15分間」という部分は、実際の初回面談を60分程度と設定すると、その最初の15分間に当たります。そのことは受験案内に記載されています。そのため、当然ながらロールプレイは相談の途中で終了します。

　途中で終了する相談について、合否を分けるものは何かというと、絶

対に把握しておかなければならない部分が「**問題把握**」です。ここでいう問題把握とは、「キャリアコンサルタントから見た相談者の問題点」です。いわゆる「見立て」のことになります。

面談は、「システマティックアプローチ」に則り、展開させます。

〈システマティックアプローチの手順〉

1.　カウンセリングの開始
2.　問題の把握
3.　目標の設定
4.　方策の実行
5.　内容の評価
6.　カウンセリングの終了

キャリアコンサルタント実技面接試験では、上記の「3.　目標の設定まで」を目指します。そして「2.　問題の把握」は合格のためには必須となります。

これまでの合格者を見ていると、「2.　問題の把握」までができていると、ほぼ皆さん合格しています。

ではここで、15 分間で行うことを書き出してみます。

1.　最初の挨拶（アイスブレイク）
2.　相談者の第一声
　　相談者からの悩みを聴いているときにはカウンセリング技法（うなづき、あいづち、繰り返し、感情の反射等）を必ず入れること。

---

3. 第1回目の要約

　　ここでは相談者が言っている①感情の言葉（しんどい、辛い、迷っている等）、②特徴的な強い表現の言葉（評価されない、この会社の先が見えた、このままでいいのかな等）を盛り込む。

4. ファーストクエスチョンでは3.の①または②を使ってオープンクエスチョンで問いかける（「しんどい、というところをもう少し詳しく教えていただけませんか？」等）。

5. 内省（自分の考えや行動などを深くかえりみること）を促す質問を行う（オープンクエスチョン）。

　・視点を移動させる質問

　　例）もし田中さんが、田中さんの部下だったらどう思いますか？

　・将来を想像させる質問

　　例）もし、体力的にしんどい今の職場をこの先ずっと続けたらどうなると思いますか？

6. 5.の質問により相談者は「何かに気づく」ため、問題点が明らかになる。

7. キャリアコンサルタントからみた問題点の把握ができるため、このあと目標設定→同意→方策の実行へ進んでいくことが望ましい。

(7) 実技面接試験の概要とそのポイント
　　　[日本キャリア開発協会（JCDA）]

　実技（面接）試験は15分間で、実際の相談者役を目の前にして相談業務を行い、そのあと試験官より今のロールプレイについての質問（口頭試問）が行われます。実技（面接）試験自体は20分程度で終了しま

す。

「15分間」の設定は、協議会の試験と同様に、初回面談（60分程度の設定）の最初の15分間、です。ロールプレイは相談の途中で終了します。

合否を分けるものが、絶対に把握しておかなければならない部分の「**問題把握**」＝「**キャリアコンサルタントから見た相談者の問題点**」であること、およびシステマティックアプローチに則り面談を展開させることは、協議会の試験と同様です。

では、15分間で行うことを書き出してみます。

※日本キャリア開発協会（JCDA）の面接試験ではメモをとることが許可されており、とるかとらないかを選択できます。メモをとることを選択した場合は試験団体側が用意したメモ用紙を使用します。

1. 最初の挨拶（守秘義務と椅子の調整はあらかじめ指示あり）
2. 相談者の第一声、ひと言程度から開始します。

（例）

「新しい部署に異動になったのですが、仕事がつらくて、辞めたいと思うようになりました。」

相談者が上記のようにひと言だけ話します。

これに対して受験生（キャリアコンサルタント役）は「『仕事がつらい、やめたい』と。どのようなことがあったのですか？」と必ず相談者の感情の言葉を繰り返して伝え、オープンクエスチョンを投げかけることが必要です。

3. 言語追跡を行う。

①感情の言葉（しんどい、辛い、迷っている等、）②特徴的な強い表現の言葉（評価されない、この会社の先が見えた、このままでいいのかな等）を盛り込む。

（例）「迷っているということを詳しく教えてください」

「評価されないとはどういうことでしょうか？」

4. 言葉の意味を聴いてみる

「○○さんが思う○○（相談者が発言したいと思うキーワードに対して）の意味を教えてください」等。

5. 内省（自分の考えや行動などを深くかえりみること）を促す質問を行う（オープンクエスチョン）

・視点を移動させる質問

例）もし田中さんが、田中さんの部下だったらどう思いますか？

・将来を想像させる質問

例）もし、体力的にしんどい今の職場をこの先ずっと続けたらどうなると思いますか？

6. 5の質問により相談者は「何かに気づく」ため、問題点が明らかになる。

7. キャリアコンサルタントからみた問題点の把握ができるため、このあと目標設定→同意→方策の実行へ進んでいくことが望ましい。

（8）実技面接試験、評価項目のポイント ［キャリアコンサルティング協議会］

公表されている評価項目として、キャリアコンサルティング協議会では次のものがあります。

「態度」　　「展開」　　「自己評価」

これらがAまたはB、ときにはCの評価で表されており、合計点数が

表示されます（評価項目ごとの点数は非公開です）。

　例えばこれまでの受験者の結果を見ると、次のようになっています。

◆合格の事例

　Aさんについてはバランス良く各項目の評価を受けて合格されています。既に述べましたが、キャリアコンサルティング協議会では、論述試験で、これまでの平均点以上の点数を獲得することが合格のポイントになります。

　Bさんは論述試験で、これまでの平均以上の点数を出して見事に合格されています。このような感じで合格される方もいます。

（Aさん）
論述試験の点数　33点
面接試験の点数　60点
「態度」A
「展開」A
「自己評価」A

合計93点　合格

（Bさん）
論述試験の点数　37点
面接試験の点数　54点
「態度」B
「展開」B
「自己評価」A

合計91点　合格

◆不合格の事例

　Ｃさんは明らかに論述試験の点数に問題があります。この場合、論述があと５点高ければ合計90点で合格していたのに、と思うと私まで悔しい気持ちでいっぱいになります。そして、論述試験34点という点数は現実的であり、そうむずかしくはない点数です。

　Ｄさんはおそらくロールプレイが苦手なのではないかと推測できます。あるいは、ポイントを押さえた実技面接試験に向けての練習を行っていなかった可能性が高そうです。

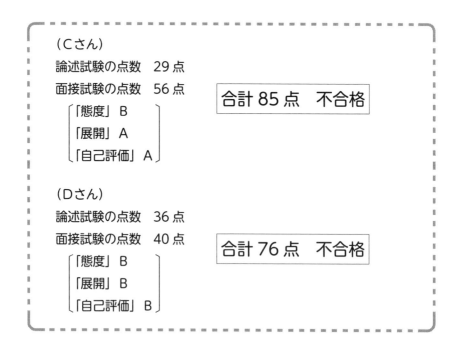

（Ｃさん）
論述試験の点数　29点
面接試験の点数　56点
　　「態度」Ｂ
　　「展開」Ａ
　　「自己評価」Ａ

合計 85 点　不合格

（Ｄさん）
論述試験の点数　36点
面接試験の点数　40点
　　「態度」Ｂ
　　「展開」Ｂ
　　「自己評価」Ｂ

合計 76 点　不合格

　以上のような構成で結果が出ます。面接試験のそれぞれの項目の内訳（点数）は公開されていません。そのため「態度」「展開」「自己評価」の３つの合計点が表示されています。

次に、評価項目で気をつけるべきポイントについてお伝えします。

①　「態度」とは

ひと言でいうと、「キャリアコンサルタントらしい態度かどうか」ということになります。例えば、「声が小さい」「話すスピードがとても速い」「服装が適していない」「相談者の話を遮って自分が話す」等々、例を挙げるとキリがないですが、こういった受験生自身の「くせ」も考慮されるような項目と思われます。そのため「キャリアコンサルタントらしい態度」という抽象的な表現となります。

私の開講する合格講座に問合せをいただき、内容をお聴きすると惜しくも不合格で、なぜ「態度」がBなのかわからない、という方は結構います。そこで、講座内で私がその方のロールプレイを拝見すると、やはり態度がBとなる要素がある、ということがわかります。

私自身もそうだったのですが、受験生時代に「津田さんは、さっきから「なるほど」ばっかり言ってるよね」と言われたことがあります。自分では「そんなに言ってないけど…」と思っていましたが、録音した自身のロールプレイを客観的に聴き返してみると、なんと15分の間に20回くらい「なるほど」と言ってました。

このように自分の「くせ」は自身で気づくことが難しいものです。実際に私の講座の中で自身のくせに気づかれ、そこも重点的に意識してロールプレイの練習に励んで再受験し、態度Aで合格された方もいます。

②　「展開」とは

最初の話の内容と、15分間の最後の話の内容が同じですと「展開」していないと判断されます。つまり話の内容が展開している必要があり、最初と最後の内容に違いが出てくることが必要です。

展開しないということは、どういうことかというと**相談者が最初に話したこと以外のことを聴き出せていない**ということになります。いわゆ

る堂々巡りと表現するとわかりやすいでしょうか。

　話を展開するためには、相談者に考えてもらえるような質問を行う必要があります。カウンセリングが通常の会話と大きく異なる部分として、「質問」がポイントとなります。

　通常の会話では、自身が知りたいことを相手に質問します。例えば、「その服どこで買ったの？」「どこに住んでるの？」などがそうです。一方で、カウンセリングでの質問は相手に考えてもらえるような、いわゆる相談者のためになるような内容の質問を行うことになり、少し特殊な印象を受けると思います。

　例えば「いやだなあっ、て思うのには何かきっかけがありましたか？」「それはどんな感じですか？」というような質問になります。おそらく通常の会話ではあまり使用しないような質問の方法ではないでしょうか。

　ここで勘の良い方は気づかれたと思いますが、「オープンクエスチョン」と「クローズドクエスチョン」を使い分けることが必要なのです。

　実は、質問には２種類あります。

・閉ざされた質問（クローズドクエスチョン）
・開かれた質問（オープンクエスチョン）

　閉ざされた質問というのは、「はい」か「いいえ」のいずれか、もしくはひと言で答えることができるような質問のことです。

　これに対して開かれた質問とは、「自分の言葉で表現して自由に答える質問」を意味します。

　カウンセリングの最初の場面ではできるだけオープンクエスチョンを使い、相談者が気持ちよく、たくさん話ができるようにします。そしてたくさんの話を引き出し、15分間の最初と最後でその内容に変化がある、

つまり展開していると、この「展開」の評価が高くなります。

③　「自己評価」とは

これは15分間のロールプレイ終了後に行われる「口頭試問」に、どのような受答えをしたかで評価される項目です。

後に詳しく説明しますが、「口頭試問」では試験官から15分のロールプレイに対する振り返りを行うための質問がなされます。その質問に対してどのように答えたのかが評価対象となるようです。

(9) 実技面接試験、評価項目のポイント [日本キャリア開発協会（JCDA）]

公表されている評価項目として日本キャリア開発協会（JCDA）では次のものがあります。

```
「主訴・問題の把握」
「具体的展開」
「傾聴」
「振り返り」
「将来展望」
```

これらがAまたはB、ときにはCの評価で表されており、合計点数が表示されます（評価項目ごとの点数は非公開です）。

例えばこれまでの結果を見ると、次のようになっています。

◆合格の事例

Eさんは、論述試験の点数もこれまでの平均点より上回っており、面接試験もほぼA評価でバランスの良い評価を受けて合格しています。

Ｆさんは、論述試験も面接試験も高得点ですね。評価の高い合格をされています。

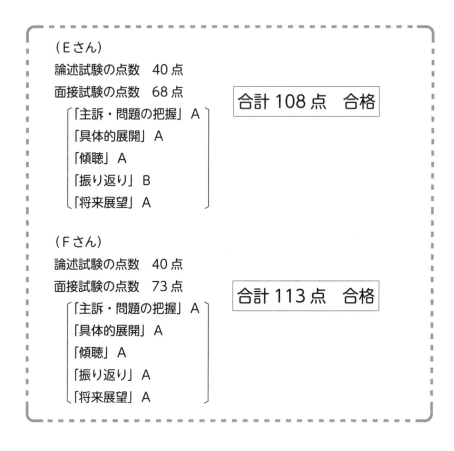

（Ｅさん）
論述試験の点数　40点
面接試験の点数　68点

合計108点　合格

「主訴・問題の把握」A
「具体的展開」A
「傾聴」A
「振り返り」B
「将来展望」A

（Ｆさん）
論述試験の点数　40点
面接試験の点数　73点

合計113点　合格

「主訴・問題の把握」A
「具体的展開」A
「傾聴」A
「振り返り」A
「将来展望」A

◆不合格の事例
　Ｇさんの場合は、「具体的展開」が所要点未達ということで、他の項目の評価が高いだけに大変惜しい内容ですね。おそらく内容が堂々巡りしてしまったのではないかと推測します。
　Ｈさんの場合は、論述試験も面接試験もどちらも点数が低いパターンです。まずは最も基礎の部分の「傾聴」についての学びなおしが必要で

はないかと感じます。

（Gさん）

論述試験の点数　41点

面接試験の点数　51点

　「主訴・問題の把握」A

　「具体的展開」所要点未達

　「傾聴」B

　「振り返り」A

　「将来展望」A

合計92点　不合格
（90点以上だが所要点
未達項目があるため）

（Hさん）

論述試験の点数　32点

面接試験の点数　43点

　「主訴・問題の把握」所要点未達

　「具体的展開」B

　「傾聴」B

　「振り返り」B

　「将来展望」A

合計75点　不合格

次に、評価項目で気をつけるべきポイントについてお伝えします。

① 「主訴・問題の把握」

　相談者が訴えている問題が何かということと、キャリアコンサルタントから見た相談者の問題点、この2点を把握しているかどうかという部分です。

　「主訴」は相談者が問題だと思っていることです。この部分を把握し

ている必要があります。ここは相談者の話を聴いていれば、それほど難しくありません。

　次に、キャリアコンサルタントから見た相談者の問題点ですが、ここは合格のためには必須の部分となり、話が展開していないと、なかなか聴き出すことができない部分です。

②　「具体的展開」

　この項目をひと言で表現すると、15分間の最初と最後の話の内容に変化があるかどうかということになります。

　日本キャリア開発協会（ＪＣＤＡ）では「経験代謝」や「自己探索」というキーワードが必要になってきます。おそらく、キャリアコンサルティング協議会向けの講習等でキャリアコンサルタントのことを学ばれた方は聞いたことがない言葉だと思います。

　「経験代謝」とは、簡単に説明すると次のようになります。

　経験とはその相談者のこれまでの過去の出来事のことをいい、そこに対する相談者の気持ちや考えなど、感情や価値観などが含まれるものであり、過去にどんなことがあったのかを具体的に相談者に話してもらうこと（経験の再現）により、その経験の中にどのような自分が存在したのかが明らかになる（意味の出現）ということを説明したものになります。

　「自己探索」とは、簡単に説明すると自問自答のことをいいます。自己探索のサポートを行うということは相談者が自己概念に気づくことを助けることを意味します。

　以上をまとめると、経験代謝で相談者の経験の再現を促していくということです。相談者が語る経験の中に、感情や考え、価値観等、自己概念がぼんやりと現れた時、それを捉え自己探索の支援をします。

　これら経験代謝や自己探索を深めて展開することが必要となります。

■図表2-1　経験代謝サイクル

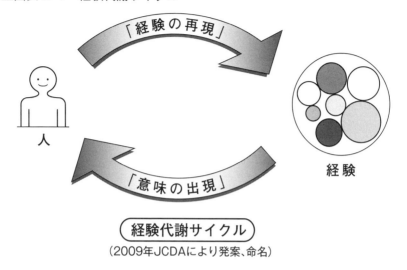

「経験の再現」

人

経験

「意味の出現」

経験代謝サイクル

（2009年JCDAにより発案、命名）

では、1つ具体的な事例を見てみます（筆者オリジナルの事例です）。

（CL…相談者　CC…キャリアコンサルタント）

CL：「私、もう今の会社ではやっていけないと思っています。」

CC：「もう今の会社ではやっていけないと思われているんですね。どの
　　　ようなところでそう思われますか？」

CL：「はい、子供の保育園の送り迎えがあってなかなか残業すること が
　　　できなくて、仕事が思うように進まなくて…」

CC：「仕事が思うように進まない、どんなことがあったか教えていただ
　　　けますか？」

CL：「はい、このあいだも急に保育園から会社に電話がかかってきて、
　　　熱が39度あるから迎えにきてくださいと。朝はとても元気だっ
　　　たので心配になり、それでやりかけの仕事をほったらかしたま
　　　ま、慌てて保育園にお迎えにいきました。とても慌てていたの

で、その途中の<u>仕事の引継ぎもせず、とにかく上司に事情を説明</u>
<u>して会社を飛び出しました。</u>」

CC:「心配になって、とても慌てて会社を飛び出したのですね。」

CL:「はい。そして次の日に仕事に行ったら、上司に呼び出されました。子供が熱を出して迎えに行くのは何も問題はない、でも仕事の引継ぎをしないというのは会社としては困る、と言われました。」

CC:「上司に仕事の引継ぎをしないのは困ると言われてどのように感じましたか?」

CL:「私だって仕事と育児の両立で一生懸命なのに、<u>全然役に立ってないんだなって思いました。</u>」

下線部分が経験の再現、二重下線部分が意味の出現です。

このような感じで「経験代謝」「自己探索」を使って進めていくと、具体的展開へとつながっていきます。

③ 「傾聴」

傾聴とはなんでしょうか? ここはカウンセリング技法を使っているかどうかという項目です。

カウンセリング技法とは、うなづき、あいづち、感情の反射、繰り返し、フィードバック等々、さまざまなものがあります。これらをバラエティ豊かに面接試験の中に盛り込む必要があります。

例えば、相談者の話を聴いている際に眉間にシワを寄せて、うなづきもせず、ただ「はい」を繰り返すだけというような方がいらっしゃったら、この部分はできていないとみなされます。

相談者から、「この人は話しやすい人だ」「この人は私の話をよく聴いてくれるなあ」と思ってもらえるかどうかもポイントになります。

④　「振り返り」

　この部分は、15分間の面接試験のあとの「口頭試問」の部分の評価となります。客観的に自身の行った内容について具体的に答えることができるかどうかがポイントです。

　また、定型的な質問の他に受験生の言ったことに対しての質問がなされることが多いため、その際に慌てないように落ち着いて回答することが必要です。例えば、「相談者の感情をもう少し聴きたかったです」と受験生が言ったとすると、試験官から「感情とはどの部分ですか？」ということを問われたり、「キャリア理論に沿ってカウンセリングを展開させました」という受験生の発言に対して、「そのキャリア理論はどの理論ですか？」と問われるような内容になります。

⑤　「将来展望」

　この部分は、キャリアコンサルタント資格をどのように活かしたいかを聴かれた際に答えたことが反映しそうです。この質問があった際にあやふやで自信がなさそうだったり、何も考えていないような応答であれば、当然評価は低くなりそうです。

　この資格をどのように活かしたいか、との問いへの回答は事前に準備することができる唯一のものなので、ご自身でしっかりと熱意を持って試験官にアピールできるように用意しておきましょう。

（10）口頭試問での質問とその解答方法 [キャリアコンサルティング協議会]

　15分間のロールプレイ終了後、休憩などはなく、すぐにその場で試験官からの質問に答える5分程度の場面のことを「口頭試問」といいます。

　ここで何を質問されるのか、そしてどのように答えるのが良いかをお

伝えします。

〈口頭試問のパターン〉

①　できたこと、できなかったことについて教えてください。
②　相談者が感じている問題点とキャリアコンサルタントから見た相談者の問題点を教えてください。
③　今後、この相談者とどのように関わっていこうと思いますか？

　これまで、協議会の口頭試問はこれら3つの質問が定着しています（質問の際に言葉が違う場合もありますが、問われる内容は同じです）。ごく稀に違う質問が出ることもあるようですが、およそこれらの質問が毎回行われています。

　では、どのように答えていくのか、1つずつ見ていきましょう。

①　できたこと、できなかったことについて教えてください

　出だしは「できたことについては○○」、次に「できなかったことについては○○です。これについては○○など改善を行っていこうと思っています。」というように、できなかったことについてはフォローをしてください。

　できたこと、できなかったことを具体的に伝えます。ここでよくある間違いが「感想を言う」ことです。回答に抽象的な表現が多く、質問への答えになっていないことがあり、このような場合は評価項目の「自己評価」に影響があります。

②　相談者が感じている問題点とキャリアコンサルタントから見た相談者の問題点を教えてください

　ここでは2つの質問がなされています。

　まず、相談者が感じている問題点、いわゆる「主訴」です。

　相談者がどのようなことで相談に来たのかを答えます。次にキャリ

アコンサルタントから見た相談者の問題点、いわゆる「見立て」です。キャリアコンサルタントから見た相談者の問題点が何かを答えます。

　ここでも 1 つずつ丁寧に、具体的に答える必要があります。特にキャリアコンサルタントから見た相談者の問題点は、問題把握と直結しています。問題把握ができないと合格できないと考えることができるため、ここはしっかりと見立てを試験官に伝える必要があります。

③　今後、この相談者とどのように関わっていこうと思いますか？

　ここは 15 分間の面談の続きを答える場面です。

　通常の相談業務は 60 分程度行うため、面談の最初の 15 分の面接試験の続きをどのようにするかを答える必要があります。

　問題把握ができていることが前提となるため、その問題を今後どのように相談者と一緒に考え、サポートを行っていくのかを具体的に答える必要があります。

（11）口頭試問での質問とその解答方法 ［日本キャリア開発協会（JCDA）］

　日本キャリア開発協会（ＪＣＤＡ）での口頭試問は、キャリアコンサルティング協議会での定型質問と内容は似ています。しかし、実際の場面では受験生ごとに違う質問をされることが多いようです。

　これまでの受験生からの一部の情報では、次のような問いがなされるようです。

（例1）
① できたこと、できなかったことについて教えてください。
② 今後この面談をどのように続けますか？
③ どのようなキャリアコンサルタントになりたいですか？

（例2）
① できたこと、できなかったことについて教えてください
② クライエントはどんな気持ちだと思いますか？
③ 今後、どのように展開をしていきますか？
④ キャリアコンサルタントの資格をどう活かしますか？
⑤ そのような場面があるのですか？

（例3）
① できたこと、できなかったことについて教えてください
② 感情とはどの部分で？
③ キャリアコンサルタントの資格をどう活かしますか？

このように見ていくと、必ず行われる質問は次の2点だと思われます。

① できたこと、できなかったことについて教えてください。
② キャリアコンサルタントの資格をどう活かしますか？（どんなキャリアコンサルタントになりたいですか？）

① できたこと、できなかったことについて教えてください
　相談者が答えたその内容から、相談者が言ったことに対する追加の質

問がなされている様子がわかります。例2の「そのような場面があるのですか？」という質問は、その前の質問の資格をどう活かすか、というところで答えた内容に対しての解答を求められています。

　また、例3の「感情とはどの部分で？」などは、「できたこと、できなかったこと」で話した受験生の発言について質問されています。ご自身が言った言葉には責任を持って答える必要がある、ということですね。

② 　キャリアコンサルタントの資格をどう活かしますか？
　（どんなキャリアコンサルタントになりたいですか？）
　ここは熱意を持って、キャリアコンサルタントになり活躍している自分を想像しながら話してください。その内容についても何か質問されることがあれば、具体的に答えるようにしてください。

第❸章

「自信がない」印象で
合格を逃した3人の話

◎ キャリアコンサルタントとして相応しい態度とは

これから、「自信がない」キャリアコンサルタントの事例をご紹介します。

主にキャリアコンサルタントの態度、すなわち非言語レベルでどのような応対をしているかに注目してください。

(1) 1人目 相手と目を合わそうとしない50代男性

（CC：キャリアコンサルタント　CL：相談者）

CL	1	今の会社では自分は評価されてないと思います。なので思い切って転職を考えているのですが…。
CC	1	評価されていないとは、どこでそう感じられるのですか？
CL	2	うちの会社では半年ごとに業績の評価があり、それで次の半年の給与のランクが決まるのですが、一番良いのは2ランクアップ、次が1ランクアップ、そのまま、1ランクダウン、と4段階あって、私は頑張っているのにここ2年ずっと今のままで現状維持なんです。おかしくないですか！
CC	2	（一瞬目を見開いて驚いたような表情をするも視線を落として）そうですねぇ。人事評価は公平なものでなければなりませんよねぇ。
CL	3	そうなんですよ。私よりも頑張ってない人が1ランクアップしていたりするんですよ。

CC	3	（視線を落としたまま）それはおかしいですね。人事に理由を聞いたりはできないのですか？
CL	4	そんなことしたら、人事に不満を持っている社員、ということで目をつけられるかもしれません。そうなると余計に評価されなくなってしまいますよ！
CC	4	（一瞬、相談者を困ったような表情で相談者を見るも、すぐに視線を外して）そうですよねぇ。
CL	5	評価されないままなんだったら、いっそ転職したほうがいいのかな、と思っています。
CC	5	（とても硬い雰囲気の表情で相談者を見て）そうですね。何か転職のための具体的なことをされていますか？
CL	6	いえ、いざ転職を、と思っても何から手をつけたらいいのかわからなくて。求人情報を見たりはしたのですが、なかなか思うような条件の求人がなくて…。
CC	6	（再び視線を外して）そうですね。景気が良くなったとはいっても、より条件の良いところへの転職となると、簡単ではないですからね。
CL	7	このまま自分だけが評価されなくて、自分より頑張っていない社員が評価されていくのを見ているだけなんて、やってられませんよ！
CC	7	（少しびくっとして、相談者を見て）……、嫌な思いをするぐらいなら、条件が下がっても転職するほうが良いかもしれませんよねぇ。
CL	8	えっ?！　やっぱり転職すると条件は下がってしまうのですか？

| CC | 8 | （再び視線を外して）そうですねぇ…。やはり中途採用となるとまだまだ厳しいですからねえ…。 |

（続く）

これは CL と目を合わそうとしない CC の事例です。

少し想像していただきたいのですが、クライエントが今から悩みや不安な気持ちを話そうとしていて、相手のキャリアコンサルタントがほとんど目を合わせてくれないと、どのように感じるでしょうか。以下、解説していきます。

CC2 では CL2 の勢いある発言に驚いた様子を隠すことができず、驚いた表情ののちに視線を落としています。そこから発言があります。ここでは、非言語としては適切な態度で接することが必要です。驚いてもよいのですが、そのあとの対応としては「そうなんですね、頑張ってるのに現状維持ということがおかしいと思ってらっしゃるんですね。」と CL の言葉を繰り返して受け止めて、目を見て伝えることが必要です。

そのことは、関係構築にも良い影響が出てきます。

CC3 でも目を合わさずに視線を落として対話を続けています。また、この場面の発言もふさわしくなく、繰り返し CL が言っている「頑張っている」という部分に着目した質問が有効です。そのため「さきほどから頑張って、という言葉をくりかえされていますが、○○さんはどのようなことを頑張ってこられたのですか？」と CL が考える「頑張る」という気持ちを丁寧に聴いていく必要があります。

CL4 の発言でわかるように CC3 の発言は CL にとって反発的な内容だったようです。

CC4 では困ったような表情をして CL を見てから視線を外すという、なんともいえない気まずさが出ています。つまり、ここで一旦ラポールは途切れてしまいました。このまま続けるとあまり良くない方向へいき

そうです。そうならないためにここは、ラポールをつなぎとめるためにCCはきちんと謝罪する部分です。例えば「あ、申し訳ございません。何か私が相応しくないことを言ってしまったようです」等です。

CL5ではCLが何らかの「思い込み」を持ったまま進んでいますね。

そして、CC5ではその「思い込み」が何かを話してもらうことなく、短絡的にCLが言った転職に対しての質問を行っています。

CL6ではこれまで強気で、感情の赴くままに求人情報をただなんとなく見たというCLの状況がよくわかる内容ですが、CC6ではCL6での非言語を聴くことなく、情報提供というか、なぜかCLを不安にさせるような主観の入った発言をしています。

CL7では「やってられない」と訴えているにもかかわらず、CC7で再度CLに対して不安にさせるような主観の入った発言があります。そして、CL7で「自分より頑張っていない〜」と「頑張る」という発言がありますが、またもここをスルーしています。ここまでで、CLの「頑張る」発言は3回目です。このようにCLが繰り返す言葉は必ず拾わなくてはなりません。そして、その言葉がどのような意味を持つか、オープンクエスチョンをしましょう。そうすることで展開につながっていく内容に変化します。

CC7では決めつけたような言い方をしています。また、勢いあるCLに対して非言語レベルでCCは（びくっとして）拒否反応を起こしている様子がわかります。

CL8では、CC7の安易な発言に対してCLは戸惑いを見せています。

そして、CC8ではCLを見ることなく、抽象的な自分の意見を述べています。このような場合は、もし転職すると条件が下がってしまうのが本当であれば、それなりのエビデンスや市場動向等、しっかりとした資料なりを見せるか、そうでなければ一般的な話をするにとどめておくとよいです。あいまいな主観の入ったCCの発言でCLを混乱させるのはよくない方法と感じます。

◎ まとめ「アイコンタクトの重要性」

ここでは「目を合わさない CC」についての事例を見てきました。

一般的にコミュニケーションの分野でよくいわれる「メラビアンの法則」というものがあります。この法則は 1971 年にアメリカで提唱された概念で、簡単に説明すると、話し手が聞き手に与える影響について、「言語情報」「聴覚情報」「視覚情報」それぞれの観点から次のように数値化できるとしたものです。

> 言語情報（Verbal）…7%
> 聴覚情報（Vocal）…38%
> 視覚情報（Visual）…55%

【言語情報】

話している人が発言する言葉そのものの意味、言葉をつなげた内容のことをいいます。いわゆる「言語コミュニケーション」といい、「バーバルコミュニケーション」ともいいます。

【聴覚情報】

話している人が発言する際の声の大きさやトーン、口調、速度（テンポ）などのことをいいます。

【視覚情報】

話している人の表情や視線、態度、しぐさ、見た目などをいい、ボディランゲージがこれに当たるかと思います。「非言語コミュニケーション」といい、「ノンバーバルコミュニケーション」ともいいます。

バーバルコミュニケーション（言語コミュニケーション）は、文章でやりとりする場合などがこれに当たります。例えば、手紙やメール、ＳＮＳなどによるコミュニケーションです。ノンバーバルコミュニケー

ション（非言語コミュニケーション）と何が違うかというと、相手の感情や思いなどがわかりづらいという点です。また、みなさんも経験があるかもしれませんが、実際にそうは思っていなくても、文字のみでのやりとりは少し冷たい印象を受ける場合が多いようです。

　聴覚情報と視覚情報を合わせると9割以上を占めていることがわかります。ということは、話している人の表情やしぐさ、声のトーンなどから相手の感情を感じ取るということがよくわかりますね。

　では、こういったことを前提に今回のCCが「目を合わせない」という事例についてCLはどのように感じているか考えてみましょう。逐語記録の内容からもわかるように、CLが勢いよく話していることが伝わってきますね。おそらくこれは、「話をちゃんと聴いてほしい」という現れではないでしょうか。もしくは「聴いてるのか!?」という怒りのようなものかもしれません。CLが非言語コミュニケーションで訴えているのにCCはそれを無視して続けているため、なんとなくかみ合わないままに話があまり発展的ではない方向へと向かっている様子がわかります。

　この事例では、適切な「アイコンタクト」が必要だったと感じます。アイコンタクトは意思疎通を図る際に重要な役割を担っています。相手の目を見ないで話をする人に対してどのように感じますか？　おそらく大半の人は少し不愉快に思うかもしれません。また、そこまで感じなくても良い印象を受けることはないでしょう。

　CCは相談者に寄り添い、気持ちを理解することを必要とする仕事です。こういったことを考えると、相手の目を見ないで話すことは不適切といえるでしょう。

　では、適切なアイコンタクトとはどのような感じのものでしょうか。
　おそらく今回のCCは単に恥ずかしい、もしくは目のやり場がわから

ないというような気持ちだったのかもしれません。基本的には極端にならないようにすることが良いかと思います。極端とは、「相手の目をまったく見ない」または「相手の目を見続けていっときも視線を外さない」ということです。

　ですから、適度に視線を合わせるのが良いということになります。もし相手の目を見ることに抵抗があるようであれば、最初は相手の眉間を見て話をすることをおすすめします。こうすることで徐々に目を見て話すことに慣れてくると思います。

(2) 2人目 受け答えをするたびにオドオドしている 40代女性

（CC：キャリアコンサルタント　CL：相談者）

CL	1	このまま、今の会社にいても先が見えないんです。
CC	1	（少し目を見開いて）そっ、そうなんですね…。どうしてそのように思われるのですか？
CL	2	だって、私は上司が言う通りに仕事をしているのに、全然評価されないんですよ！
CC	2	（困ったような表情で）そっ、そうなんですね…。評価されてないとは、例えばどういうところでそう思われるのですか？
CL	3	上司は面倒くさい仕事ばかり私に押しつけてくるのですが、それでも文句も言わずに「はいはい」言って引き受けているんです。それなのに私はまだ主任のままで、他の同期の人はもうほとんど係長になっているっていうのに…。
CC	3	そっ、そうなんですね…。どうしてなんでしょうね。

CL	4	それがわからないから相談に来ているんですよ！
CC	4	（慌てた様子で）そっ、そうなんですね…。失礼しました。ご自身では、他の同期の人と「どこか違うな」というようなところは何か思われたりしませんか？
CL	5	「どこか違う」って、むしろ私の方が他の同期より上司の言うことを聞いているはずなんですよ！
CC	5	（かなり焦った表情で）そっ、そうなんですね…。他の同期の方はあまり上司の言うことは聞いておられないのですか？
CL	6	まあ、そういう訳でもないとは思いますが、私が一番上司の言うことを聞いていると思います。
CC	6	そっ、そうなんですね…。それだけ従順に上司の言うことを聞いているのに評価されないとは…。辛いですよねえ…。
CL	7	はい。誰も私のことなんてわかってくれないんです。
CC	7	そ、そうなんですね…。わかってもらえるためにはどうすればいいんでしょうねぇ…。
CL	8	……。（長い沈黙）

（続く）

　これはオドオドしている CC の事例です。また、オドオドしていると同時にこの CC にはある「クセ」があります。それらを解説していきます。

　CC1 では、言語のみに注目するとそれほど問題がないようですが、

できれば CL の発言を繰り返すことを入れると、より良くなるかと思います。

　ただ、非言語コミュニケーションを確認した場合に目を見開くという、CL からすると不思議に感じるようなところがあります。もう少し落ち着いた印象を心がけると良くなります。

　CC2 では、言語のみに注目すると CL が訴える「評価されていない」という部分を繰り返しているため良い感じがします。しかし、CC1 でも言っていた「そっ、そうなんですね…。」という最初の応答が少し気になります。

　CC3 までくると、「そっ、そうなんですね…。」ということがどうやらこの CC のクセのようだとわかりますね。後述しますが、クセはある程度意識することで改善が見込めるため、自分にどのようなクセがあるのかを客観的に第三者に見てもらい、指摘を受ける必要があります。

　そしてこのとき、まだラポール形成が進んでいないときに、CC は「どうしてなんでしょうね」と相談者に考えてもらうための質問を行っています。この質問自体は悪くないのですが、タイミングが悪かったと感じます。もっと CL の気持ちを深く聴いて、ラポール形成が進んでから行うと良いです。その結果、CL4 では反発している様子がわかります。

　CC4 では、クセが出た上で「失礼しました」と一旦謝罪を行っています。ここはとても良い姿勢ですね。ただ、もう少し丁寧にしたほうが良いと感じます。例えば「失礼いたしました。そうですよね。それがわからないからお越しいただいているのですよね、不適切なことを言い、申し訳ございません。」というように、CL に寄り添う姿勢を常に保つと良いです。

　CC6 では、なんとか CL の気持ちを汲み取り、ラポール形成が進みそうな気配がしますね。CL7 でそのことがわかります。

　しかし、CC7 の発言で再びラポールは途切れ、CL8 では長い抵抗の沈黙が出てしまいました。基本的に長い抵抗沈黙が出るのはそれまでの

やりとりに小さな抵抗があるため、そこで関係の修復を行う必要があります。

　この逐語記録を見直すと、小さな抵抗のサインはまずCL4の発言です。ここでは前述の通り、きちんとした謝罪を行うことでラポールをつなぎとめることができたのではないでしょうか。今回はここでラポールが途切れたままに進んでしまい、再度CC7では、小さな抵抗が出た基になる発言（CC3）と同様の質問を行っているため、CLから長い沈黙が出てしまっています。

◎　まとめ「クセを持っている人はいませんか？」

　私も受験生の頃、クセがありました。それはCLが発言したあとに「なるほど」と言うクセです。今回のCCの場合は「そっ、そうなんですね…。」がそれに当たります。

　このようにCCが同じことばかりを言うのは、CLとして聴くと何か少し違和感があるようです。そのため、カウンセリング技法はバリエーションを豊富に行うことが好ましいです。カウンセリング技法とは、うなづき、あいづち、繰り返し、感情の反射などのことを指します。

　復習しておくため、次の表をご覧ください。

〈非言語コミュニケーション〉

種　類	良　い	悪　い
姿　勢 （様子）	・適度にリラックスした雰囲気 ・真剣に話を聴こうとする姿勢 ・熱心に話を聴こうとする姿勢	・相手に威圧感を与えるようなとても前のめりの姿勢 ・猫背であまり元気がない ・椅子にもたれかかっている ・足を組んでいる
態　度	・やさしい感じでやわらかい雰囲気 ・ソフトな印象 ・落ち着いた感じ ・穏やかな感じ・相談者が安心してくつろげるような感じが持てる ・親切、親身な対応 ・誠実な感じ	・身振り手振りが大きすぎる、回数が多い ・落ち着きがない ・緊張していて余裕がない ・あまりにもおおげさすぎるCCの反応
表　情	・話の内容に合ったバリエーション豊かな表情 ・やさしく包み込むような温かい感じの表情	・無表情、硬い感じ、暗い、怖い表情、笑顔が硬い ・最初から最後までずっと笑顔（不自然な感じ） ・表情や言い方が機械のよう ・CLが暗く辛い話をしているときにCCが笑顔
口　調	・やわらかい雰囲気でやさしい口調	・機械的に話す ・語尾が不明瞭 ・高圧的な言い方 ・CLが理解しづらい話し方

声	・落ち着いたトーンで、少し低め ・聴いていて心地良い	・高すぎる ・大きすぎる ・小さすぎる ・淡々としている ・抑揚がなく情緒もない
テンポ	・CL 中心で相手（CL）に合わせる	・遅すぎる、早すぎる ・CC が考える時間が長い ・CC のテンポで進める ・CL が CC に合わせている
視　線	・真剣でやさしく、温かみがある	・ずっと目を閉じている ・視線を合わせない ・凝視する ・視線が泳いでいる ・まばたきが多すぎる
うなづき	・頭を縦に動かす動作（非言語コミュニケーションがとても良い印象） ・深いうなづき（親切で親身な様子が印象的）	・うなづきがまったくない ・逆に多すぎて違和感を感じる ・タイミングが合っておらず話しづらい
あいづち	・CC が発する「あいのて」（ええ、はい等） ・タイミングよく話しやすいあいづち ・バリエーションが豊富 ・適切なあいづち	・あいづちがない ・無表情で「はい」ばかり繰り返す ・CL の語尾とかぶる ・オーバーすぎるあいづち

　いかがでしょうか。このように非言語コミュニケーションを再度確認してみると、面接試験は要するに「相談者からどのように見られているか」という試験でもあるということがわかるのではないでしょうか。こういったことを普段の生活の中で意識して取り入れてみるのも、今後の

実務にも役立つ良い練習方法だと思います。

　次に沈黙について解説します。

　今回の逐語記録では長い沈黙が出ていましたが、「沈黙には2種類ある」ということをご存知でしょうか。

　1つ目はCLが考えるための沈黙です。これはCCが効果的な質問を行った際に出ることが多い沈黙の1つです。ここでいう効果的な質問とは、「CLに考えてもらうための質問」のことです。

　例えば「このまま今の会社でこれまで通り仕事を続けると、どうなると思いますか？」というようなオープンクエスチョンですね。こうした質問をCLに投げかけると、CLはその質問に答えようとして考えてくれます。そのときに考えている時間が「考えるための沈黙」となります。

　このとき、CCは非言語コミュニケーションを感じ取ることが必要です。CLの様子をよく観察してみてください。おそらく、上を向いたり、視線が遠くに行ったり、何かを思い出すような雰囲気になっている場合が多いです。そのため、この「考える沈黙」の場合は、CLが話し出すまでCCは待ってください。「待つ」ことが大切です。

　沈黙を恐れるあまり、待つことができずに話し出す受験生（CC）は多いです。そうした際のCLの心情としては「考えているのに邪魔しないで！」というように感じることが多いようです。せっかくCLに考えてもらっているのに、わざわざCCがそれを壊してしまうような状況になります。CLが考えるための沈黙をはじめたら、待ってあげてくださいね。

　2つ目は「抵抗の沈黙」です。今回の逐語記録を見ると明らかにCLはこの「抵抗の沈黙」を見せています。では、抵抗の沈黙のときのCLの様子はどんな感じでしょうか。抵抗というのはCCに対して不満や不信感を抱いているため、その様子が非言語コミュニケーションで伝わってくるはずです。例えば、うつむいたままで何も話さないとか、腕を

組んでCCから視線をそらしたまま黙り込んで浮かない表情をしている、などがそれに当たります。

　もし、この抵抗の沈黙が出た場合はどのように対応したらよいでしょうか。そのまま違う話題にしますか？　CLに何がいやなのか尋ねてみましょうか？　どちらも間違いではないのですが、その前にやるべきことがあります。それは「謝罪」です。謝罪して信頼関係を修復しましょう。

　CLをそのような不愉快な気分にさせたのは間違いなくCCの対応が原因ですね。そのため、CCはまず謝罪をしてください。先に進むのはそれからです。そして、その謝罪もきちんと寄り添う姿勢を大切に行ってください。軽い気持ちで軽い謝罪をしたところで、ますますCLは不機嫌になります。

　信頼関係を修復するための謝罪とは、例えば、長い沈黙のあとにCCが「何か私が理解違いをしていて、不適切なことを言ってしまい、大変失礼いたしました。申し訳ございません。もしよろしければ、今のお気持ちを聴かせていただけませんか？」というような内容が良いです。

　こうして謝罪を行い、CC自身も自己開示をすることで再度ラポールをつなぎとめることが可能となります。

　自己開示とはCCの感情や気持ちをCLに伝えることをいいます。「積極技法」の1つですね。学科試験の際に勉強して目にしたことがあるかと思います。この技法を使ってCLとの関係修復を目指します。

(3) 3人目 特定の層に苦手意識を持つ50代女性

（CC：キャリアコンサルタント　CL：相談者）

CL	1	転職しようと思うのですが、私は営業経験も豊富なので、今の会社と同等か、場合によってはさらに好条件も望めれば、と思うのですがどうでしょう？
CC	1	そうですねえ。やはり営業力というのは重要ですからね。
CL	2	そうでしょう。入社してから35年、ずっと営業畑でやってきましたからね。きっと私の経歴を評価してくれる会社があると思うのですが。
CC	2	営業に年齢は関係ないですからね。
CL	3	トップ営業マン、というほどではありませんが、地道にノルマはこなしてきたつもりです。そういうところは評価されますよね？
CC	3	（驚いた表情で）えっ？　ええ、もちろんですよ。
CL	4	いぶし銀、といいますか。この年齢だからこそ発揮できるものがあると思うのですが。どういう会社ならいいですかね？
CC	4	（苦笑いしながら）そうですねえ、やはりご自身の得意の業界といいますか、分野といいますか、そういうところなんでしょうか。
CL	5	いやいや、私ほどの経験があれば業界を問わず活躍できると思うのですが。自信もありますよ。

CC	5	（眉間に少しシワを寄せて）うーん。今の会社では役職などにはついておられるのですか？
CL	6	いやいや、いち営業マンとして営業部で活躍しています。先ほども言いましたが、毎月ノルマはちゃんとこなしていますよ。
CC	6	えーと、上司の方は何歳くらいの方なのですか？
CL	7	営業部長は私よりも10歳ほど若いですね。でも、彼は営業マンというよりは管理職ですから、営業のことは何もわかっていません。ただ営業部としての売上を管理していて、数字を見ているだけです。やはり私たち営業マンがしっかり売上をあげているからこそ、部長としてふんぞり返っていられるのですよ。
CC	7	（かなり困った表情で）…。まあ、そうでしょうねえ、やはり営業といえば売上をあげてこそ、ですよねえ。
CL	8	さすが、わかっていらっしゃる。
CC	8	（慌てた様子で）えっ、ええ、もちろんですよ。私もこういう仕事が長いですからねえ。いろいろな方とお会いしていますから。
CL	9	そうなんですね。それでは、わたしにぴったりの転職先もご紹介いただけるのですよね。
CC	9	（驚いた表情で）えっ、ええ、もちろんですよ。ただ、転職先の求人については時期的なものもありますから、今の時期はちょっと、すぐには見つからないかもしれませんが…。

（続く）

今回は特定の層に苦手意識を持つ事例です。なんだか CC と CL の考えがかみ合っていないような感じが伝わってきますね。以下、解説していきます。

　今回の CL は結構自信を持っている方です。自己肯定感が高いのはとても良いことです。自己肯定感というのは、「自分の存在に誇りを持ち、能力にも自信を持っていること」をいいます。このような方は、これまで仕事で良い結果を出していることが多いです。そのため、自身のこれまでのやり方や経験を他人に押しつけたり、過信しがちなところも持ち合わせている可能性も高いです。

　CL1 の発言を見てもその雰囲気が伝わってきます。そして CC1 でそれを認める発言があり、出だしは良好な様子が伝わってきます。

　さらに CL2 で「35 年、営業畑で」という発言があります。ここは存分に CL にこれまでの経験を語ってもらうことが必要です。CC2 の発言もそれほど悪くはないですが、ここは「35 年間営業として頑張ってこられたんですね。どんなことがありましたか？」というような CL が思わず嬉しくて話してしまう、というような形の質問でラポール形成を図ることができたのではないでしょうか。

　CL3 では「地道にノルマをこなしてきた」とあります。この CL ならではの強く、特徴的な発言をしているため、しっかりと受け止めていく必要があります。そのため、この後の CC の応答としては「地道なノルマとはどのようなことですか？」等、もっと深く傾聴を行う必要があります。そして、それを受け止めることで、CL は「ああ、この人（CC）は私のことを理解してくれる」と感じ、関係構築が良好となるはずです。

　しかし、CC3 では、なぜかこのような応答になっています。CC の中で何かが起こっているようですね。

　そして CL4 では、自己肯定感の強い CL ですから、早く次の仕事を見つけたい、見つかると思っている様子がわかります。ここで CC としては、なぜ CL はそんなに仕事ができるのに転職しようとしているのか、

という点を問う必要があります。つまり、CCから見たCLの問題点に近づいていくようにすることです。

CC4でもなぜか苦笑いしながら、当たり障りのないような応答をしています。

すると自信たっぷりにCL5の発言がありますね。自信を持っていることは良いことです。ただ、その自信がどんなところからきているかを知る必要があるため、「自信をお持ちなんですね。○○さんにとって自信とはどのようなものですか?」と、ここでもCLの発言の意味を深めていく必要があります。

しかし、CC5ではその自信について確認することなく、なぜかCCが困惑しているような様子が伝わってきます。そして、いきなり「会社の役職についているか」というクローズドクエスチョンを行っています。

CL6では再度「ノルマ」というキーワードが登場しています。CLが何度も繰り返す言葉には注目が必要です。必ず拾ってノルマについてオープンクエスチョンで応答しましょう。

CC6ではCCが聴きたいことを質問しています。そしてまた、クローズドクエスチョンです。

CL7では、クローズドクエスチョン(CC6)にもかかわらず、CLは聴かれてもいない年下の上司のことを話しています。ここで少し今回の転職を考えた糸口が見えてきたような感じですね。ここから話を深めるために、CLの強く、特徴的な言葉を探すと「ふんぞり返る」という部分が見えてきます。私ならここを「ふんぞり返る?」と繰り返しの質問とし、思う存分CLに話してもらうこととします。

CC7でも、CCは困りながらも、それなりの返答をしています。するとCL8の解答に対してCC8では慌てていますね。

また、CL9ではCLがかなり先に考えが進んでいる様子がわかります。それに対してCC9では、しどろもどろな発言となっています。

◎ まとめ「自己不一致をおこしている CC」

　今回の事例は CL に主導権を握られているような形になっていますね。では、なぜそのようになってしまったのでしょうか。

　考えられるのは、「CC が自己不一致を起こしている」ということです。「自己不一致」の説明の前に「自己一致」について説明します。

　「自己一致」とは、簡単にいうと「感じていることや、思考などが態度や言動と一致していること」をいいます。もっと簡単にいうとウソがない状態です。例として、CL の話を聴いていて CC は「この人、なんか苦手だな」と感じているとします。内心は苦手だと感じているけれども、表面的には良き理解者であり、受容的な人間でいようとふるまう。すると、ここには矛盾やウソがあります。これは自己一致していない状態といえることがわかりますね。

　そこで自己不一致をどのようにして自己一致させるかというと、CC 自身が「この人、なんか苦手だな」ということを、そのまま受け入れるということです。CC が CL の話を聴いているときに「この人が苦手だ」ということを認めるということです。

　しかし、だからといって、自己一致させるためにあからさまに CL に対して、短絡的に、感情の赴くままに振る舞うといった態度をとってよいということではないですよね。自己一致のポイントは、CC 自身の中で何が起こっているかを正確に CC 自身が知ることです。

　否定的な思考や、「アドバイスしたい」といった衝動にかられたとしても、そこをまずは受け入れて認めてください。その場合の注意点は、悪いとか良いとかの評価をしないで、ありのままに、CC 自身の心の動きをしっかりと客観視してください。CC 自身の内面的な作用を認識できるようになれば、自己一致しているといえるのではないでしょうか。

　CC 自身が自己不一致を起こしたままに面談を進めると、あまり良い結果にならないことが多いようです。

　人は自身の内面を正確に客観的に認識して、さらにそれを受け入れ、認め、ありのままの自分の状態を把握していると、他人と接する際にとても自然にふるまうことができます。こういった状態であるとCLに対して正確な認識を持つことができ、スムーズに面談に臨めます。

　このように自己一致させることができるようになると、CLにも良い影響を及ぼします。つまり、信頼関係が深まっていきます。

　では、具体的にそのような場面があったとき、どのように対処すればよいのかを解説していきます。

　対処に当たり、自己一致ともう1つ重要なものとして「共感」があります。両者はとても深い関係にあります。なぜなら、人は自己一致できないことには共感できないからです。

　例えば、CLから「私、今の会社で昇格はしたいけど、責任を押しつけられるのはいやなんですよね。給料だけ増やしたいんです。」と言われた場合、どのように感じますか?

　いろいろな考え方があるかと思いますが、おそらく、ほとんどの方は「そんなムシのいい話はないよ」、あるいは感情的になって「何言ってるの!?」というような批判的な思いが出てくるのではないでしょうか。

　この場合、まずはそのように思って構いません。人間誰しも思いや考え方は自由です。それを止めることなんてできません。ただ、キャリアコンサルティングを行うとき、この自己不一致を起こしてほったらかしにしないでください、ということです。

　そして、次にすぐにとりかかる必要があるのは、「まあ、それは誰でも思うことかもしれない。わかりやすい素直な人なんだな」と自己一致させることです。

　頭では理解できても、自分の主観や思いを自己一致させることは簡単なことではありません。そのため、何度も練習すること、自身の気持ちの様子を観察することが大切になってきます。

このように、自己不一致を起こした際にはそのままにしないで、必ず自己一致させることがキャリアコンサルティングには必要となります。

第❹章

「我の強さ」が仇になって
合格を逃した 4 人の話

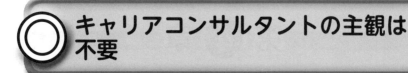

キャリアコンサルタントの主観は不要

　ここでは「我が強いキャリアコンサルタント」の事例を紹介していきます。簡単にいうと「相談者の気持ちに寄り添えていない」ということになります。事例ごとに、どの辺りをどのように改善する必要があるか解説していきます。

(1)　4人目　やたらと危機感をあおって成長を促す50代男性

相談者：Aさん、37歳・男性。妻と子供1人。4年制大学を卒業したのち、商社の営業職として働いており、5回目の転職をしたばかり。

（CC：キャリアコンサルタント　CL：相談者）

CL	1	会社に行くのが嫌になりまして…辞めようかと思うんです。
CC	1	会社に行くのが嫌になって辞めようかと思われているのですね。もう少し詳しくお聞かせいただいてよろしいでしょうか。
CL	2	実は、3か月前に転職したばかりで、今度こそ頑張ろうと思っていたのですが、その決意もなんかちょっと揺らいできました。
CC	2	転職したばかりなのに心が折れそうなんですね？

CL	3	はい。前の会社は 2 年勤めたんですが、訳あって辞めたんです。今度こそ長く続けたいと思っていたんですが…。
CC	3	前の会社は 2 年で辞められたんですね。どうして辞められたんですか。
CL	4	職場の雰囲気が自分には合わなかったんです。それに、年齢的にも転職のラストチャンスかと思いまして。
CC	4	なるほど、年齢的な問題もあり、転職を考えられたということですね。
CL	5	はい。で、今の会社なんですが、裏切られた感じがしました。入社の時に聞いていた話と違うんです。
CC	5	会社のどんなところが不満なのですか?
CL	6	自分の得意なことが活かせる仕事だと聞いていたんです。でも実際はまったくそんな感じではなくて…。前の会社のときもそうだったんですけど、自分の得意なやりたい仕事をもっと、伸び伸びやっていきたいんです。それで転職したのですが、今度の会社もやはり自分には合わないのかもしれないです。
CC	6	思っていた会社の仕事内容と違ったんですね。不幸な転職となったことをどう思われますか。
CL	7	転職をとても後悔しています。もう 37 歳ですから、転職は最後にしたかっただけに残念です。
CC	7	5 回目の転職に失敗してしまった、ということに関してはどんなお気持ちですか。
CL	8	いい会社ってあるんですかねぇ。何がいけなかったのでしょうか。新しい会社でも、どうも上手く馴染めなくて。自分なりに努力はしてみたのですが。

| CC | 8 | 年齢的にもかなり厳しくなってきますし、さすがに6回目はきついですよね。もう少しの間、辛抱して我慢してみることはできそうですか。 |

（続く）

　CC1 は、CL1 の発言に対して繰り返してから、オープンクエスチョンを投げかけています。最初の出だしは良好と感じます。

　CC2 では上手に言い換えて「心が折れそう」と伝えています。これでも良いですが、CL の発言に忠実に寄り添うなら「揺らいできた、というのは何かあったんですか？」と CL の特徴的な表現のキーワードを拾い、質問の中に取り入れるとより効果的と考えます。

　CC3 ですが「どうして」「なぜ」はよく使うと思いますがカウンセリングでは、できれば『何』に置き換えてみることをおすすめします。

　例えば、次の2つを比べるとどう感じるでしょうか。

「どうして宿題をしなかったんですか？」
「宿題ができなかったのは何かあったんですか？」

　前者は責められているような感じがして、なんだか少し抵抗したいような気分になります。後者は宿題ができなかった理由を素直に話そうと感じるかと思います。

　CC5 で「どんなところが不満？」と質問していますが、CL5 を見ると「裏切られた感じ」と、とても特徴ある、強い表現の言葉を発しています。ここをスルーしてしまうと今後の展開が上手に行えないことが多いため、カウンセリング技法の繰り返しを用いて「裏切られた感じとはどのような感じでしょうか」等と質問するのが相応しいといえます。

　CC6 で「不幸な転職」と発言しています。これは CC 自身の考えから出てきた発言です。これを相談者に伝えることは相応しくないため、こ

の場合は CL6 の発言に対して、「自分の得意なやりたい仕事をもっと伸び伸びやりたい、けれども今の会社も自分には合わないということですね。合わないというのはどの辺でそう思いますか?」という感じで、まずは相談者の発言をカウンセリング技法を使って受け止めてから、オープンクエスチョンを行うことが必要です。

CC7 では「転職に失敗してしまった」と発言があります。この「失敗」というのは CL の発言には見当たらず、CC の主観が見受けられ、勝手に決めつけているように感じます。

CL8 では、なんとかしたいという CL の気持ちが伝わってくるような内容です。それなのに次の CC の発言がさらに追い打ちをかけるようになっています。

CC8 では自身の勝手な意見を一方的に押しつけていて、その内容も危機感をあおっているような、そんな場面ですね。

◎　まとめ「CC の主観を伝える必要はない」

この事例では、CC の「主観」をそのまま CL に伝えている場面があります。これはキャリアコンサルティングを行っておらず、通常の普通の日常会話レベルでの応答となっていることがわかります。

では、日常会話とキャリアコンサルティングは何が違うのかについて解説していきます。

> (例) 相談者:女性、30 歳
> CL:私、今 30 歳で独身なんですけど、高校生の頃からパチンコで生活してます。最近、周りの友達が結婚して子供もできて、ちゃんとした会社で働いてて…。自分はこれでいいのかなって思うようになりました。

このような相談者が来たときに、どのように感じますか？

人の考えや主観は自由に存在するため、いろいろな意見があるかと思います。「パチンコで生計を立てているなんてすごい！」とか「高校生がパチンコなんてやっていいの？」、「なんでそんなことになってしまったの？」など、さまざまでしょう。

こういった考えを止めることは誰にもできませんし、考え方は自由です。そのため、この相談者に対して、友人や知り合いの場合は自身の主観で通常の会話を行うのは自然なことです。

しかし、キャリアコンサルティングとなると、通常の会話ではなく専門家として「カウンセリング」を行う必要があります。どのように相談者に応答すると良いでしょうか。

例えば「高校生の頃からパチンコで生計を立てられてきて、周りの方の状況もあって、これでいいのかなって思うようになってきたんですね。そう思われたきっかけは何かありますか？」というような応答が相応しいです。

この応答の中には、カウンセリング技法である要約、繰り返し、感情の反射、オープンクエスチョン等が盛り込まれています。そして、この応答の中にはCCの主観は一切入っていません。

このように考えると、<u>出てきたCCの主観は一旦横に置く</u>ということが必要です。頭では理解できても、自分の主観を横に置くということはそれほど簡単なことではありません。ですから、何度も練習・訓練が必要となります。

(2) 5人目 持論を人に押しつける50代女性

相談者：Aさん、23歳・女性。4年制大学卒業、大手文房具会社で1
　　　　年目、両親との3人暮らし。

（CC：キャリアコンサルタント　CL：相談者）

CL	1	自分は営業に向いていないのではないかと思い始めて、どうしたらいいか相談に来ました。
CC	1	営業に向いていないというのは、どういうことですか。
CL	2	はい。今年の４月に新入社員として今の会社に入社して、あと１か月で研修期間が終わります。３か月間の研修期間が終わったら、４か月目からは１人で営業を行うことになっているのですが、最近１人で営業をするという気力が失せてきています。
CC	2	どうしてですか。
CL	3	今は先輩と一緒にＯＪＴで営業に回っているのですが、今度、自分が得意先を受け持ったときに、上手く営業ができるかがすごく気になってきています。
CC	3	上手く営業ができるかというと？
CL	4	はい。売上の目標達成とか取引先との信頼関係とか、今まで全部その先輩の指示通りにやってきただけなので、自分１人でできるだろうかと思って…。
CC	4	入社して１年目でこれまで研修で先輩の営業のやり方を見てこられたのですよね。
CL	5	はい。研修のこの２か月間はその先輩に従ってやってきました。その先輩は取引先との交渉なんかも上手で、大きなトラブルもなくすごいなと思います。でも、自分１人で営業となったとき、交渉とか、トラブルとかにすぐに対応できるかというと…。
CC	5	自信が持てないということですか。
CL	6	自信？自信ですかね。う〜ん。そうかもしれませんね。

CC	6	自信だとすると、自信を持つには経験も必要ですね。
CL	7	確かにそうですね。もう少し長く経験を積んでいけばこんな気持ちにならないかもしれませんね。でも、うちの会社は3か月の研修後は結果重視で新人扱いはしてもらえません。結果を要求されると思います。
CC	7	新しいことをするには勇気が要りますよね。まず、その勇気を出されてはどうですか。
CL	8	そうですね。先輩にも同じようなことを言われるんですが、なんだか悶々としています。

（続く）

　CC1 ではなかなか良い応答ができており、CL も内容について詳しく話そうと思ってもらえたのではないかと感じます。

　CC2 では「どうしてですか？」と質問しています。「どうして〜」「なぜ〜」は責められているように相談者が感じる場合が多いため、特に面談の最初のラポール形成（信頼関係の構築）が進んでいない時点で使用するとラポールが途切れてしまう要因となるため、他の質問（言い方）に変えてみましょう。また、CL2 で相談者の特徴ある強い表現の言葉はどれでしょうか。この場合は最後のほうにある「気力が失せてきています」という部分に注目し、「気力が失せてきているというのは？」というような問いかけが相応しいと感じます。

　CC3 ではとても上手に繰り返しの技法を使い、それを質問する形として CL の気持ちを引き出すよう促しています。

　そして、CC4 ではこれまでの CL のことを受け止め、認める発言があり、ここも関係が良好になるような良い雰囲気を感じます。そのため CL5 では今の気持ちを話してくれている様子もわかります。

CC6 では、CL6 の非言語を聴かずにキャリアコンサルタントの主観を相談者に押しつけている形になっています。少し戻って考えてみると、

<u>CC5　自信が持てないということですか。</u>

<u>CL6　自信？　自信ですかね。う～ん。そうかもしれませんね。</u>

というように、CC5 はキャリアコンサルタントが一旦仮説を相談者に投げかけています。それに対して CL6 で相談者は少しあいまいな返答をしています。そのため、ここでは相談者の非言語もよく聴き、「他に何か思うところはありませんか？」と深く掘り下げて聴く必要がある場面と感じます。

CC7 は、この場合、一見キャリアコンサルタントは相談者を勇気づけようと発言していますが、先回りして「こうしてみたらどう？」というような誘導の形になっている様子が見受けられます。そのため、CL8 では相談者は受け入れることができず「悶々としている」という発言があります。相談者の感情が置いて行かれているような感じもします。

ここでは、CL7 の相談者の発言に注目すると「結果を要求されるとおっしゃっていますが、それはどんなことですか？」と問いかけることで相談者の思いをより深く聴くことができるのではないでしょうか。

◎　まとめ「誘導しない」

この事例では「誘導」が見られます。

キャリアコンサルタントは誘導をしません。誘導とは、CC の思惑やそのようにしてほしいという願望のことをいいます。もし、誘導があった場合、おそらく CL はあきらかに「やりたくない」という意思表示をします。そこまでハッキリと言えない CL は、非言語レベルで「やりたくない」という雰囲気を出してくると思います。ここで誘導していることに気づいていない CC は、「そんなこと言わないで頑張りましょうよ」とさらに誘導し、説得しようとします。人は、やりたくないことはやり

たくないし、それができない理由が何かあるはずです。その部分をきちんと聴く必要があります。

　誘導する人の特徴として、CL を操作して影響を与えることに満足感を見出し、やりがいを感じている場合があります。これは自己満足感を得るために CL を利用しているにすぎません。サポートではなく単なる押しつけです。このような傾向がある人は少しご自身を振り返る必要があります。そして、最も基本である「傾聴」を再度学ぶことをおすすめします。

(3) 6人目 感情の赴くままに相手を責める 60 代男性

相談者：A さん、28 歳・男性。4 年制大学卒業後、大手電機メーカに
　　　　入社、5 年間経理部。その後、現在の総務部に異動して 1 年。
　　　　一人暮らし。

（CC：キャリアコンサルタント　CL：相談者）

CL	1	最近仕事にやる気が出なくなって、どうしたらいいか困っています。
CC	1	最近仕事にやる気が出ない、というのはどんな状態なのですか。
CL	2	今、会社の総務を担当しているのですが、各部署との連携を行いながらの調整などをしないといけないのに、やる気が出ず、やらなくてもいい資料の整理なんかに時間を使ってしまいます。
CC	2	やる気が出なくなるきっかけは何かあったのですか。

CL	3	異動して半年ぐらいは業務に慣れようと頑張っていたのですが、半年ぐらい前から上司のやり方がわかり出して、だんだんそうなってきました。
CC	3	上司のやり方ですか。
CL	4	ええ、総務部全体がそうなんですが、特にその課長は慎重な人で、新しい業務のやり方を提案しても全然通りません。私は新しいシステムを導入したくて、休日などを使っていろいろな講習に参加したりしてきました。この前、社員の情報などを一括管理できてセキュリティもしっかりとしていて、とても便利なシステムの導入を提案したのですが、ほとんど検討もしてくれず、却下されてしまいました。
CC	4	課長さんは A さんの提案を採用しない理由を何か言われたのですか。
CL	5	前からそうなのですが、その前に改善案はないのかとか、前例がないとか、効果がわからないとかが理由です。でも、やってみないとわからないですよね。
CC	5	課長さんの指摘に従って、改善案や裏づけのデータを出されてはどうなのですか。
CL	6	今まで、別の新しいことを提案したときも、他社の実務例とか、そのシステムの資料を集めて検討してもらおうとしてきましたが、「従来のやり方を見直してみて改善の余地はないのか」などと言われてなかなか前に進めません。元々新しいことをやりたくないんだろうと思ってしまうと、今回もこれ以上説得するデータを集める気になれません。
CC	6	ところで、まだ総務に移られて 1 年ですよね。課長さんのやり方に慣れていかれる時期ではないですか。

CL	7	もう少し我慢をしたほうがいいということですか。このままでやる気が戻るかなぁ。
CC	7	他部署に移りたいと考えておられるのですか。
CL	8	まだそこまで考えていません。前の経理に戻れればいいですが、自分にどんな能力があるかもわからないので、他部署といってもどこがいいかわからないですよね。

（続く）

　CC1 では繰り返し、オープンクエスチョンで出だしが良いです。

　CC2 でも、さらに「やる気がでない」という CL の感情の言葉を的確につかみ、内容を深めていくオープンクエスチョンが投げかけられており、とても安定して進んでいることがわかります。

　そして、CC3 で「上司のやり方」という CL の特徴的な言葉をとらえ、繰り返しています。とても良いです。

　CC4 では理由を尋ねています。この聴き方でも特に問題はないですが、もし私なら「課長さんは A さんの提案を採用しないことについて何と言っていましたか。」とします。こうした聴き方には利点があるからです。

　例えば、「上司には聴いてみましたか」→「はい、聴きました」→「何と言っていましたか」と、最初の質問がクローズドクエスチョンであると、まず「はい」か「いいえ」で CL が回答してから、さらに「何と言っていましたか」という順になります。

　一方で、最初を「課長さんは A さんの提案を採用しないことについて何と言っていましたか。」とすると、課長さんと話をしている場合はそれを聴き出すことができます。課長さんと話をしていない場合は「いいえ、何も聞いていません」と回答するはずです。

このように、質問の方法をできるだけオープンクエスチョンで行うと質問の数を少なくすることができて、CL も自由に好きなことを話すことができます。

CC5 では、CL5 で相談者が「でも、やってみないとわからないですよね。」と訴えているにもかかわらず、その発言を CC は受け止めることなく、課長の言う通りにしてみてはどうなのか？という一方的な誘導、押しつけを行っています。

この場合どのような応答がよいか考えてみると、「やってみないとわからないと思われているのですね。」と、まずは相談者の言い分を受け止めることが必要です。そのあとで「実際にやってみるとどんなことがわかってきそうですか？」と、相談者に実際にそれを行ったときにどうなるかという未来を想像してもらうことも大切です。

こうしたことから、CL6 では CL の感情や特徴的な言葉を探して、そこを掘り下げて聴いていく必要があると感じます。例えば「なかなか前に進めません。」や「…と思ってしまうと、今回もこれ以上説得するデータを集める気になれません。」などがそれらに該当する部分です。なぜ、なかなか前に進めないのでしょうか。また、何か思うところがあって、データを集める気になれないのはどうしてでしょうか。この辺りが、とても気になります。

CC6 では、急にこれまでの内容とは違う視点のことを話しており、CC の主観の入った方法を押しつけている様子が伺える内容となっています。これに対して CL7 の発言から推測すると相談者は抵抗を見せていることが感じられます。

CC7 で、また急に相談の流れに沿わない、そして相談者がひと言も発していないことを CC が発言しています。

CC6 で相応しくない応答をし、相談者が抵抗を見せているにもかかわらず、CC7 でまた急に、相談の流れとは違う、CC の主観や考えの入った応答をすることで相談者を困惑させるような展開になっています。

◎ まとめ「CCはクライエントの味方です」

　この事例では、なぜかCCは課長の発言を支持しているような感じがします。

　基本的に傾聴における聞き手の姿勢は、「100％相談者の味方」とします。たとえ対話の中で、CLが間違ったことを言っても、事実とは食い違っている部分があったとしても、一旦すべてを受け入れる（受容）ことが必要です。

　なぜ、このようなことが必要なのでしょうか。それはラポール形成が必要であるからです。では、なぜラポール形成が必要なのでしょうか。信頼関係を築くためですね。では、なぜ信頼関係を構築する必要があるのでしょうか。「相談者に気持ちよくたくさん話してもらうため」です。

　このように、なぜそれが必要なのか、を考えていくと、キャリアコンサルティングを行う際のCCの心構えが違ってきます。日常的にこのような考え方を意識しておくと、今後の支援に役立ってきますよ。

　こうした姿勢を、常にCCが意識して取り組むことが必要です。しかし、今回のCCは課長さんの意見に従うように言い、それがダメなら部署移動、というような短絡的な捉え方をしており、ほとんどCLに寄り添うことがない内容です。

　これを読んでいるあなたにも、経験がありませんか？　「私に相談もなしに、上司は今やっている私の仕事のやり方を変えろと言ってきた」こんなことを同僚や友人に話したとします。そして、その答えが「きっと、上司は○○という考えがあって言ったことなんじゃないかな。悪気があって言ったのではないと思う」というように、相手を擁護するような発言になることは、よくあります。

　仮に、まったくその通りで正しい回答だったとしても、言われた本人は良い気持ちではありません。おそらく納得できないまま、同僚や友人に「うん。そうかもね…。」という感じで答え、次の話題へと移ってし

まうのではないでしょうか。

　ではなぜ、正しいことを言われたのに、このようになるのでしょうか。それは、話した本人が「聴いてくれない」と感じるからです。または「この人はわかってくれない」「この人に言ってもムダ」というような気持ちが出てくるからです。

　友人や知人との会話であれば、この程度で終わったとしても何も問題はないのですが、CCという専門家としてこのような展開になることは相応しくありません。いま一度、PCA（パーソンセンタードアプローチ）の哲学に基づいてキャリアコンサルティングを行うことを心がけましょう。

〈PCA（パーソンセンタードアプローチ）〉

　PCAとは、キャリアコンサルタントを目指していると一度は目にしたことがある、最も有名なカールロジャーズの来談者中心療法のことです。それまでの心理学ではカウンセラーは指示的に援助を行うと考えられていましたが、ロジャーズは「クライエントこそが問題解決の主人公である」という考え方を基にカウンセリング理論を世に出しました。

　これは一体どのようなことかというと、ロジャーズの考え方では「個人の内部に自己理解や自己概念、基本的な態度、自発的に行動変化をさせていくための大きな資源がある」とし、そして、その資源を活かすのはカウンセラーではないということです。

　つまり、よくありがちな、カウンセラーが指示的に「ああしなさい、こうしなさい」と助言するものではないということです。クライエントが変化する力はクライエントに内在するもの、自己実現していこうとするクライエントの中に在るものという考え方で、これまでの、カウンセラーが権威者として面談を取り仕切ることとは真逆に位置する方法です。こうしたクライエントを中心に置いたアプローチ法であることから、Person-Centered Approach（パーソン・センタード・アプローチ）、通

常、頭文字をとって PCA と呼ばれています。

その定義として共感的理解、無条件の肯定的関心（受容）、自己一致（純粋性）の3条件がよく知られています。これらを提供する関係の中で「クライエントの自己実現する成長の力を援助し、変化していくことを促進する」と考えます。

PCA について簡単に述べると以上のとおりです。キャリアコンサルタント養成講習のテキストにもロジャーズは詳しく出てきます。もしロジャーズを知らないという方は、とても基本的なキャリア理論の1つなので、学習されることをおすすめします。

(4) 7人目 自分が正しくて相手が間違っていると強調する60代男性

相談者：A さん、43歳・女性。夫47歳、長女17歳、長男14歳の4人家族。大学卒業以来、全国展開の学習塾に勤め、10年前から事務員として勤務。

（CC：キャリアコンサルタント　CL：相談者）

CL	1	仕事量が多くなってきていて、このままではやってられないと思うんです。
CC	1	やってられない、というのはどんな様子なんですか。
CL	2	最近同じ部署の人が3人も辞めたんですが、当分補充なしで今のメンバーでやっていけって…。最近は家にまで仕事を持ち帰ってやっています。
CC	2	辞められた人の分が回ってきているということですね。それは、大変ですね。夜は何時ごろまでやってらっしゃるんですか。

CL	3	夜は9時くらいまで、遅いときは10時を過ぎるときもあります。最近は家に持って帰ってやることも増えてきています。
CC	3	そうですか、どのような仕事をしていらっしゃるんですか。
CL	4	学習塾の事務をやっています。親御さんからのメール返信対応や連絡に追われる毎日です。
CC	4	仕事と家庭の両立ができないという問題ですね。
CL	5	まぁ…それもあります。
CC	5	仕事のやり方を変えてみることはできないんですか。例えば他の方にも分担してもらうとか。
CL	6	それはできるかもしれませんが、増えた仕事は親御さんとの連絡が多くて経験が長い私が担当するほうがいいだろうと思っているみたいで、その関係の仕事は私に回ってくるんです。
CC	6	その仕事はAさんにしかできないんですか。
CL	7	そんなことはありません。私には仕事の経験がありますが、この際、新人に経験してもらうことを考える必要もあるのではと考えたりするのですが…。
CC	7	そのように提案されてはどうですか。
CL	8	でも事務長の指示で私がやることになってるんです。
CC	8	では、事務長に提案すべきですよ。全体の仕事を考えるのが事務長の役目なんだから。
CL	9	それはそうですが…。

（続く）

CC1 では、CL1 の発言をよくとらえていて、良い感じの出だしのオープンクエスチョンです。

　CC2 では、どれくらい大変なのか状況の確認をする質問がありますね。必要なことだと感じます。

　CL3 の発言に対して CC3 が少しそっけないというか、受け止めていない感じがあるため、ここでは「そんなに遅くまで、しかも家に持ち帰ってまでやっておられるのですね」とします。すると CL は話を聴いてくれると感じ、関係構築が良好に進むと思います。

　CC4 では、CC が勝手に「仕事と家庭の両立ができない」ということを問題として決めつけている様子が伺えます。

　CL5 では、さきほどの CC4 の応答に対しての相談者の返答に小さな抵抗が見られます。非言語を聴くと何か言いたそうで、言語として「それもあります」と発言し、「それも」という言い方をしているため、この場合キャリアコンサルタントは急がず他に何か相談者が言いたいことがある、ということに注目する必要があるように感じられます。

　この相談者の発言に対しての応答を考えると、まず CC は謝罪を行い、そして他に何があるのかを聴いてみることが適切と考えられます。例として「何か見当違いなことを言ってしまい、申し訳ございませんでした。それもあります、ということですが、他に何かありましたら教えていただけませんでしょうか。」という内容で応答を行うことで、途切れたラポールをつなぎとめる努力をする姿勢となり、これ以降の展開がスムーズに行えるように配慮したいところですね。

　そして、CC5 で突然 CC の主観的な指示があります。関係構築が良好でない上にこのような発言があると、この時点で CL とのラポールは途切れてしまっていると考えられます。

　CL7 では、発言の最後のほうでは歯切れが悪く、非言語を聴くと何か言いたいような、何かあるような様子が伺えます。そのため、ここではさらにそれらを深めていく方向で、次の質問や展開を考える必要があ

ります。

　CC7では、CL7で相談者の歯切れが悪い様子があるにもかかわらず、CCはそれをスルーして押しつけるように提案している様子があります。

　CC8では、CL8での相談者の発言を受け止めることなく、逆に反論するような形でCC独自の勝手な解釈などを相談者に伝えています。

　CL9では、CC8のキャリアコンサルタントの発言により相談者は自由に話せなくなり、非言語レベルで抵抗を見せていることがよくわかります。

◎ まとめ 「決めつけない」

　この事例では、CCは決めつけているような雰囲気がありますね。決めつけというのは、何かわかっているようなふりをして、CLに対して評価をするような言動をとってしまうことを指します。CLの話を正確に聴き取ることなく、ひと言ポンっと言うだけで、わかったようなふりをし、話をさっさと解決しようとしているCCの姿がCLの目に映ります。

　CCがこうした態度であると、CLはどのように感じるでしょうか。話をちゃんと聴いてもらえず、わかったようなふりをされて、適当なことを言われてしまう。おそらく「もうこの人には話さない！」と思うのではないでしょうか。

　わかっていないのに、わかっているふりをされると、CLは軽視されているように感じます。「全部聴かなくてもそれぐらいはわかる」「あなたの言っていることはそれほど重要ではない」というようなメッセージを発していることになります。

　そして、「決めつける」ことはCCの主観や先入観だけでCLのことを「こうだ」と判断してしまうことです。決めつけられると、CLはどのように感じるでしょうか。おそらく、CCはアドバイスのつもりで発

言しているのですが、話を正確に聴いていないため、気持ちに寄り添うことができず、CL の気持ちを無視するような恰好となり、結果としてCL の心を傷つけてしまっているのではないでしょうか。

　もう少し強い表現をすると、「何も知らないのに、勝手なことを言わないで！」となります。こうなると関係構築が進まず、ますます CL は口を閉ざしてしまい、その結果、何も話してくれずに次回の来談の予約も断る、というような状況になるでしょう。

　このようにならないよう、CC は CL の話をまずは正確に聴き取りましょうね。

第5章

1人でできる、実技面接試験に絶対合格する練習方法

実技面接試験の練習方法

(1) 7分間、ひたすらこれだけやってください

　実技（面接）試験の練習をどのように行えばよいのでしょうか。まずは最初のラポール形成（関係構築）を上手く行うための練習を行います。試験本番は 15 分間です。まずはその半分程度の 7 分間で練習します。

①　用意するもの

・相談者役をしてくれる大人 1 名
・相談内容、ロールプレイケースを渡し、役作りをしてもらう。「キャリアコンサルティング技能士 2 級」の過去問題を参考にするとやりやすい（このとき、女性は女性役を、男性は男性役をすることが望ましいです）。

> 「キャリアコンサルティング技能士 2 級」の過去問題（ロールプレイケース）は下記よりダウンロードできます。
> https://www.career-kentei.org/mondai/index.html#grade02mondai

・タイマー等、時間を計れるもの
・ロールプレイを録音できるもの（ご自身の振り返り用にロールプレイを録音しておくと良いです）

② 練習方法

【女性相談者】役作り事例

・Aさん、40歳。家族：夫41歳、長女9歳と同居。
・4年制大学卒業後、機械部品メーカーに就職し、長女の出産を機に退職。
（相談したいこと）この4月から、以前に事務職で8年ほど働いていた会社に週2程度のパートタイム勤務で復帰することになった。先日、職場に挨拶に行ったが、職場の雰囲気は自分がかつて働いていた頃と随分変わっているようだった。約10年ぶりの復帰が自分にできるのかどうか不安になり、相談したい。

【男性相談者】役作り事例

・Bさん、53歳。家族：長男22歳、次男16歳。妻は既に他界。4年生大学（経済学部）卒業後、医薬品メーカーの営業として17年間勤務し、食品メーカーに転職、13年目の現在は営業課長。
（相談したいこと）現在食品メーカーで営業職として働いている。顧客回りは車での移動がほとんどだが、最近は体への負担を感じるようになり、週末休んでもなかなか疲れがとれない。営業成績は悪くないし、できれば続けていきたいとは思っている。しかし体のことを考えると負担の少ない仕事へ転職したほうがいいのではとも思う。これからどうすればよいのか相談したい。
　　※下線部は「感情の言葉」、「強く特徴のある表現の言葉」です。

2つの事例を挙げました。これを相談者役の人に渡して、まずは読ん

でもらい、具体的な相談者の背景を好きなように作ってもらってください。

例えば、女性相談者Aさんの場合であれば、機械部品メーカーでの事務職をしていた際の出来事やそのときに思っていたこと、夫の職業や働き方のスタイル、仕事に対する思い、趣味や性格、価値観等を設定していきます（このとき、受験生であるキャリアコンサルタント役には、設定を知られないようにしてください）。

キャリアコンサルタント役は、さまざまな質問を相談者に投げかけるため、相談者役の設定があいまいだと練習がスムーズに行えません。役柄設定はしっかりと行う必要があります。

このように、まずは相談者役に役柄設定をお願いしてください。

いよいよ練習開始です。まずは面談のスタイル、場面の設定から行います。できれば、以下のようにイスの配置を行ってください。

◆キャリアコンサルティング協議会向け
椅子2つと机を用意して下記のように配置する（メモは禁止）。

◆日本キャリア開発協会（JCDA）向け

椅子を2つ横並びにして「逆ハの字」に置く（机、時計なし）。

キャリアコンサル
タント役

相談者役

　上記のように、各試験団体の会場設定に近い状態で練習に取り組むことをおすすめします。

③　ロールプレイ練習開始（最初の7分）

　タイマーを7分後に鳴るようにセットして、「よーい、スタート」の号令でタイマーをスタートさせます。

◆キャリアコンサルティング協議会向け

　最初の相談者役の第一声は、できるだけ詳しく1〜2分程度で概要を話してください。Aさんの事例の、「相談したいこと」をそのまま読み上げてもらって良いです。

　このとき気をつけることは、相談者は相談に来ているため、棒読みではなく、この相談者になりきって内容を話すようにすることです。

　そして、キャリアコンサルタントはその相談者の第一声に対して、ま

ず最初の1回目の要約を行ってください。

そこから要約の中にあるキーワードを拾い上げ、最初のファーストクエスチョンをオープンクエスチョンで相談者に投げかけてください。

◆日本キャリア開発協会（JCDA）向け

最初の相談者役の第一声は短くします。

Aさんの場合であれば、「私、職場復帰することになったんですが、とても<u>不安</u>を感じています。」というように短く発言してください。

その相談者の発言に対してキャリアコンサルタントは対話を進めていきます。

④　ロールプレイ終了

7分後にタイマーが鳴ります。ロールプレイは途中で終了してください。

それから、相談者役の人に感想を聴いてみてください。以下のような質問をして答えてもらっても良いと思います。

① 話を聴いてもらえたと感じたか？　聴いてもらえたと感じた場合は、どの辺りがそのように感じたか。逆に聴いてもらえたと感じていない場合は、なぜそのように感じたかを具体的に言ってもらう。
② 何か「違和感」はなかったか？　あればそれはどこで、どのように違和感を感じたのかを具体的に、率直に言ってもらう。
③ 「もう少し聴いてもらいたかった」ことがあれば、具体的に言ってもらう。
④ 「こうしてほしかった」ことがあれば、それはどのようにしてほしかったかを具体的に言ってもらう。

　この4つの質問に相談者役の人に答えてもらうことにより、ご自身の改善点が見えてきます。

　次に最初の7分間のポイントについて、試験団体別に解説していきます。

◆キャリアコンサルティング協議会

　Aさんの場合の1回目の要約は、以下のようになっていると良いと思います。

Aさん	この4月から以前の勤務先に週2回くらいのパートに復帰することになりました。そしてこのあいだ、久しぶりに職場に挨拶に行きました。そしたら私が昔に働いていた時<u>と随分と雰囲気が変わって</u>いました。あれから10年ぶりなんですが、その復帰が自分にできるのかどうかが<u>不安</u>になって、今日は相談に来ました。
CC 1回目の 要約	Aさんが今話していただいたことを少しまとめると、以前にご勤務されていた職場に週2回くらいのパートに復帰することになって、久しぶりに職場に挨拶に行ったら<u>随分と雰囲気が変わって</u>いて、10年ぶりの復帰に<u>不安</u>を感じていらっしゃるのですね。

　実際の試験では、第一声は1～2分程度で相談者が話してくれます。このとき、キャリアコンサルタントは相談者の話を聴くことになります。カウンセリング技法を使って相談者の話を聴いてください。

　カウンセリング技法とは「うなづき、あいづち、感情の反射、繰り返し」等のことをいいます。これらをできるだけ多くのバリエーションを使ってください。

　よくあるのが、機械的に「はい、はい、はい」と表情一つ変えずに返事をするケースですが、相談者から「聴いてもらえている」と思われな

いため、相応しくないと感じます。

　多少オーバー気味に、「親身に話を聴いていますよ、私はあなたの味方ですよ」と相談者に伝わるような言動が望ましいです。

◆日本キャリア開発協会（JCDA）

Aさん	私、職場復帰することになったんですが、とても<u>不安</u>を感じています。
CC	職場復帰することになったけれど、不安を感じていらっしゃるのですね。その不安というところを、もう少し詳しく教えていただいてよろしいでしょうか？

　ポイントとして、カウンセリング技法の「繰り返し」と「感情の反射」「オープンクエスチョン」等が盛り込まれていればOKです。

　このあと、対話を進めていきます。もちろん、引き続きカウンセリング技法を使って進めてください。

⑤　1人でできる練習方法（トレーニング問題）

　次の相談者の発言に、うなずきやあいづちなどを使ってみてください。

　1人で練習するときは、ボイスレコーダー等に、まずは自分で相談者の発言を録音してください。再生するときにうなずき、あいづちなどを使って鏡の前で練習してみてください。自身の印象に注目して、どのような印象を持ったか確認しましょう。

　私は大学を卒業後、公認会計士の資格を活かして名の通った大企業に就職しました。

　最初はとてもやりがいがあって、お給料も満足していて、よかったんですが、忙しすぎて残業が多くてプライベートの時間がまったく取れなかったので転職しました。転職先の会社が今の会社なんですが、最初に言われていた給料と違うような雰囲気になってきていて、なんだか前と比べると年収が半分くらいに減りました。ここからもっと年収を上げたいと思っているんですが、あと 3 年くらいはかかりそうでそんなに待っていられません。私も、もう 38 歳だし転職するなら早くしたほうがいいかなとも思うんですが、また忙しすぎてプライベートが充実しないのは嫌ですし…。どうしたらいいかと思って相談にきました。

・どの部分でうなづきやあいづちを行いましたか？
・あいづちの回数は何回でしたか？
・そのバリエーションは豊富でしたか？
・同じあいづち（例えば「はい」）ばかりでしたか？

　「聴いてもらえた」「もっとこの人に私の話を聴いてもらいたい」と相手に思ってもらうためには、豊富なバリエーションで多少オーバーアクション気味に行う必要があります。

　表情一つ変えないで眉間にシワを寄せて、ただ黙って（音を）聴いているという人、結構多いように感じます。

⑥　まとめ

　この7分間で何を目指すかというと、<u>ラポール形成</u>です。ラポール形成とは簡単に説明すると相手のことを信頼している様子のことを表します。

　みなさんもそうだと思いますが、信頼している人には自分のことや悩みを話そうと思いますよね？　逆に関係が悪い人に詳しく自分のことを話そうとはしないはずです。そのため、まずは最初に相手との関係を良好にする必要があります。

　キャリアコンサルタント実技面接試験の15分間は「初回面談の冒頭の15分間」という設定のため、初めてその相談者と会って面談に入るというインテークです（インテークとは、相談に来た人から事情を聞く最初のケースワークの段階のことをいいます）。

　面談の最初の7分間は、相談者から「この人にならもっと話したい」とか「この人は私の話をちゃんと聴いてくれそう」と思ってもらえるように取り組む必要があるため、カウンセリング技法を適切に活用して良好な関係構築を目指してください。

(2)　さまざまな逐語記録を読んでみる

　これから2つの事例を逐語記録で紹介します。どちらも最初の面談の15分間です。まずは読んでみてください。

◎　逐語記録①

相談者：田中正一、40歳。家族：妻（37歳）、長女（3歳）、二女（1歳）。高校卒業後、運送会社に勤務し23年目。現在は営業課係長として5年目。
（相談したいこと）長年運送業に携わり、体力的なことが気になっ

てきた。最近は忙しくなり、不定期ではあるが休日出勤しなければならない状態が続いている。子どもとの時間もあまり取れず、このまま今の仕事を続けていくかどうか迷っていたところ、叔父が経営する会社で働かないかと声をかけられた。自分の気持ちを整理したく、相談したい。

（CC：キャリアコンサルタント　CL：相談者）

CC	1	はじめまして。あぁこんにちは、キャリアコンサルタントの○○と申します。
CL	1	田中です。
CC	2	あぁ、お願いします
CL	2	お願いします。
CC	3	ちょっと椅子のほうを、どうですか角度は？
CL	3	あ、はい大丈夫です。
CC	4	ちょっと私のほうも動かしますので、はい。では、よろしいですかね。
CL	4	はい、お願いします。
CC	5	えっと、あの今日はですね、ご面談始める前に1つお伝えしたいんですけれども、キャリアコンサルタントは守秘義務というのがございまして、今日お話しいただいた内容は、あの、一切外に出ることはございませんので、ご安心してお話ししていただければと思います。では、今日は、ご面談はどのような内容で来られましたか。

CL	5	はい、えっと、今仕事をしていて最近ちょっと忙しくなってきまして、あー忙しくなってきて土日の休日出勤が増えてきて、今私40歳なんですけど、ちょっと体力的にもしんどいなぁと感じてまして。転職も40歳になってきたら転職できないという話を聞くんで。はい、ちょっと転職しようかなぁと、そういったところを相談しにきました。
CC	6	お話の内容、ちょっとまとめさせていただきますと、まぁお忙しくなって、ご年齢が40歳ということで体力的にきつくなって、まぁちょっとあの考えて転職をお考えになっていると、そういうところでよろしいでしょうか。
CL	6	はい。そうです。
CC	7	今の、きついっていうのはどういう様子なんでしょうか？　そのことを少し詳しくお話ししていただければと思うんですが。
CL	7	あの、仕事が運送業なんです。まぁ簡単に言ったら荷物を積んだり下ろしたり、というのをしておりまして、それですね。体力的に、はい。
CC	8	うん。どれぐらいの勤務時間でいらっしゃるんですか？
CL	8	あれですね、もう朝起きてすぐ働きに出て、夜10時、11時までっていうのが普通ですね。
CC	9	あー、遅いですねー。
CL	9	うん。
CC	10	お休みとかは、お仕事のほうはどんな感じでいらっしゃいますか？　週2日とかですね、まぁ週休2日とか。

CL	10	はい、あの、シフト制なので休みはまぁあるんですけど、他のスタッフ、まぁスタッフ自体が足りていない状態なので。
CC	11	スタッフが足りていらっしゃらないんですね。
CL	11	まぁ、上司からちょっと出てくれと言われるような感じで、それで行ってますね。
CC	12	では皆さん忙しいというか、そういう感じなんでしょうかね。
CL	12	あー、はいそうですね。みんなも忙しく働いてますねぇ。
CC	13	今、あの体力的にということで、まぁ先ほどおっしゃったように、その転職ということをお考えのようなんですけども、それ以外何か仕事のほうで、ですね、気にされているようなことはありませんか？
CL	13	あの結婚がちょっと遅くて最近子供ができましたので、まぁ子供の寝てる姿しか見てないのがちょっとアレですねー。遊びたいですねー、子供と。あー遊びたいですねー。まぁ今しか遊んでくれないですしね（うれしそうな表情）。
CC	14	あーそうなんですねー。そういうことも気になるということでしょうか。
CL	14	そうですねー。
CC	15	他には何かありますか？
CL	15	他には、うん、そうですねー、あの、叔父がいるんですけど会社をやってまして、そこの会社もちょっと手伝ってくれないかといった感じのことも軽くなんですけど言われて、それを言われてからちょっと転職のこ

		とを考えるようにはなりました。
CC	16	それが1つのきっかけですかねー？
CL	16	そうですねー。それがきっかけになったと思います。
CC	17	それをお聞きになって、すぐ転職ということをお考えになられたんですか？
CL	17	いや、そんな、まぁ飲んでる席で叔父に言われただけなんで、親戚の集まりの時なんですけどその時に言われただけなので、そこから何か手伝ってくれないか？と言われてから、あーそうか、そういう道もあるんだなと。で、まぁそこからあれですね、しんどいよねって自分で思い出して、休みの日も働いてるよね、子供と会えてないよねーって、どんどん、どんどん不満が出てきたという感じなんですね。
CC	18	あー不満がね。で、その叔父さんのお仕事というのはすぐにでもできるような感じなんですか？
CL	18	いや普通の会社なので、何というんでしょう、僕も今、係長を一応やってますので普通の会社で係長やってたらできますよ、みたいなことは言われましたねぇ。多分大丈夫だっていうことを。まぁでも、お酒の席なんでねー。信用できない情報かもしれませけどねぇ。
CC	19	あの、多分大丈夫だろうというのは、ちょっと引っかかるというようなことがあるということですか？
CL	19	まぁ叔父もずっとその会社やってるので、他の会社で働いたことがないので多分、実情をよくわかってないと思うので、多分という言葉をつけただけではないかなと思います。そんなに深い意味はないような気が、僕がしてるんですけども。

CC	20	あの、何かその辺、叔父さんとの関わり合いの中で、今されている現職と何か比較されたということはありますか？
CL	20	いや、叔父は休みはちゃんとやるからと。子供かわいいだろう？　もっと遊びたいだろう？　もっと子供と遊びたいだろうといことですかね。
CC	21	それ、お話は1回だけですか？
CL	21	そうですね。まぁ飲んでる席で言われたくらいで、そこからそんなに、法事の時に会っただけなんで。まぁそこからは会ってないですね。
CC	22	今、どんなお気持ちでいらっしゃいますか？
CL	22	転職っていうことに関して、まぁ転職したことがないので不安はありますけど。ただ叔父の会社なので一般の会社に転職するよりはまぁまぁ、気持ち的にはマシですよね。まったく知らない人ばっかりではないので。
CC	23	転職したとしても、今おっしゃった中で気持ち的にマシというのは、叔父さんの会社なら知ってる方もいらっしゃるからということですかね？
CL	23	そうですね。
CC	24	他に、何か現職と比較されたっていうのはありますか？
CL	24	それぐらいですかねぇ。休みがあって、子供と遊べて、転職しても叔父がいる会社で安心、それぐらいですかね。ほか、特に何もないですね。
CC	25	今の会社での最初のほうの疲れとかおっしゃってますけども、その点はあの、それ以外に何かこう気になるようなことってあるんでしょうか？

CL	25	まぁ僕、今さっきお伝えしたように係長なんですけども、課長もその上の人間も、ほぼやっていることは一緒なんですね。配送のみ、なんでね。そんなに大きな会社じゃないんでね、そうなったら40歳で10年、20年ここで定年まで働いたら…。
CC	26	あー、定年までねー。
CL	26	もう体がボロボロだなぁと、ボロボロになるよねー、と1人で想像してたら何かこう夢も未来もない。
CC	27	あー、夢も未来もない。
CL	27	人生も半分ぐらいですから。あと半分働くとして、それをずっと配送っていうのがしんどいなぁって思います。家でも子供と遊べず、ですからねぇ。
CC	28	としますと、先を考えると、現職の仕事よりも叔父さんとお話しされた、そこにお知り合いもいるからということでまぁ、そちらの方が将来性的には、大丈夫だろうというような気持ちでいらっしゃるのでしょうか？
CL	28	そうですねー。
CC	29	ほか、何か叔父さん以外には転職ということでは、当たられたんでしょうかねー。
CL	29	あ、まあ妻のほうには叔父さんのことは法事の時のことなので、知ってはいますけど。まぁただ、でもそんな転職をしようと思うということを話してはいないですね。する時間がないと言うほうが正しいかもしれませんね。
CC	30	今の現職ですねー、体力的なことがなければというところはどうなんですかねぇ。体力的にしんどくなければということですか。

CL	30	はいそうです、体力的にしんどくなければ仕事的には全然楽しいというか、別に辛いパワハラもないですし。
CC	31	あーそうなんですね。
CL	31	まぁブラックといえばブラックなんですけど、残業代はくれてるんで、まぁそこは問題はないので仕事内容とかその休みが取れないとかそういった面の待遇は、まぁあそこまで問題ないかなと思ってます。
CC	32	あー問題ないと。そうしますと、体力的に問題なければ、現職で勤務されるということは問題ないということなんですね。
CL	32	はいそうですね。
CC	33	一番やっぱり気になるのは、何度も聞き返して申し訳ないんですが体力的なところで、ということでいらっしゃるということですかね。
CL	33	そうですねー。
CC	34	それはいつ頃からそういう風に感じられますか？
CL	34	体力的にはもう昔からしんどいんですけど。
CC	35	あー昔から。
CL	35	しんどいことはしんどいんですけど、最近はもう休みも少ないせいもあるのか、休みの日寝てたとしても次の日もしんどいまま仕事に行くみたいな、まぁリフレッシュができてないといいますか。
CC	36	あーリフレッシュ。何かリフレッシュするためにという時間をとられてらっしゃるんですか？

CL	36	いやー睡眠以上のリフレッシュはないかなぁと思います（笑）。家ではもうずっと寝てますねぇ。まぁ寝ても家で子供がうるさいので眠れないっていうのもありますけどねー。
CC	37	あぁそうですねー。そうなると、今一番気になるのは体力ということで、転職ということをどなたか、まだ誰にもお話しはされてない？
CL	37	そうですね、叔父に言われたくらいでそれに返答も何もしていないし。まぁ酒の席だったんで考えておくと言ったくらいで、まぁそこから、あ、そうか転職の道もあるんだなぁと思った。
CC	38	あー、と思われたということなんですね。
CL	38	そうですねー、それはそうですね体力を考えると、先っていうのは考えますよね。
CC	39	今のお仕事の中で何か他に資格とか何か持ってらっしゃいますかね？
CL	39	配送するので大型運転免許持ってます。
CC	40	そうなんですね。そうなると叔父さんのほう、叔父さんのほうは回答しなくてもいいんですかねー？
CL	40	まぁ叔父さんなんで。それこそなんとなくで昔から仲良くしてるんで、可愛がってもくれてるので。まぁその辺は大丈夫だろうと、僕の勝手な考えではありますけどね。
CC	41	あーはい、そうなんですね。
CL	41	はい、まぁ確認はとってないですね。

CC	42	ちょっと話をまとめさせていただきますと、あの、今一番気になるのが将来的に体力的なところで、お仕事のほう、上手くいくかどうかというところ、それと時間的にも子供さんと遊べないと、そういった面で、あの、転職という道をお考えの途中であるということでよろしいですかね。
CL	42	はいそうですね。
CC	43	奥様には何かご相談をされてないんですよね？
CL	43	そうですね、まだしてないですね。今子育て忙しいので、心配かけてもアレかなぁと思って。
CC	44	一番気になるのは、私の意見なんですけども、お給料の面では現職の給料と叔父さんのほうが用意される給料とかその辺はいかがですか？
CL	44	まだその辺までは会話してないですね。うん。詰めていかないといけないですね、そこはね。
CC	45	そういうときにねぇ、奥様のほうとも話し合いが出てくるかなぁと思うんですけども。
CL	45	はい、まぁそうですね。妻とも喋ってないですね。そこは、はい。お金のことは考えてなくて、体力、体力と思いながらなんで。
CC	46	あー。まぁ会社で今の仕事の中で体力というのが一番気になるところですよね。今どんな仕事もねぇ体力なければできないですから。まぁ将来のことを考えると、特に体力のこととか、いろいろ出てくるかと思うんですけれども。まぁ今お聞きした話では、

（ブザー鳴る。終了）

◎ 逐語記録②

> 相談者：佐藤典子、53歳。娘（25歳）と同居。高校卒業後、文具販売会社に8年間勤務して結婚、出産を機に退職。現在は特別養護老人ホームに勤務し6年目。
>
> （相談したいこと）離婚を機に介護ヘルパーの仕事を6年しているが、体力的にきつくなってきて、この先ずっと続けていく自信がなく、思い切って辞めたほうがよいかと悩んでいる。この先の生活もあるので、働いていかなければならないと思っているが、自分にあった仕事が見つかるかわからず、相談したい。

（CC：キャリアコンサルタント　CL：相談者）

CC	1	本日担当させていただきますキャリアコンサルタントの○○です。どうぞよろしくお願いいたします。
CL	1	はい私、佐藤といいます。
CC	2	はい、佐藤さんですね。では、本日のご相談内容からお伺いできますでしょうか。
CL	2	はい。あの私、今ですね、今仕事やってるんですけども、ちょっと体力的に、しんどいなぁと思い始めてきていて。このままちょっと続けていく自信がなくてね。辞めたほうがいいのかなあって思ってるんですよ。
CC	3	今はその体力的に、今の仕事がしんどいと思われて、まぁ辞めたほうがいいのかなというふうにお感じになっていらっしゃるというところが、本日ご相談に見えられた理由ということで大丈夫ですか？

CL	3	はい、そうですね。
CC	4	早速なんですが、はい、差し支えないところからで結構です、今しんどいと思われているところですね、もう少し具体的に詳しく教えていただくことができますか？
CL	4	はい。あの、私今、介護ヘルパーの仕事をしているんですよ。
CC	5	介護ヘルパーですね。
CL	5	はい。で、うん、今6年目になって、
CC	6	6年目なんですね。
CL	6	ずっとそれを続けてるんですけども、はい。でまぁ私今年53歳になるんですね。で、まぁちょっと、あと、やっぱりね、だんだん体力的に、だんだん介護ってほんとにねー、まぁ人を支えたりとか、抱えたりとか、そういうことがあるので、ある程度体に負担がかかってきて、これをずっとやっていくのがしんどいなぁって思っていて、かといってねー、この先生活のこともあるのでまぁ辞めたとしても、まぁ働かないといけないっていうところがあるので、何か、自分は何ができるのかなぁとか、そういうことをちょっと、そういうこともいろいろ考えてるんですよね。
CC	7	今、佐藤さんのほうから教えていただいた、そのお仕事を続けていることをしんどいという話も出たんですけども、今現時点で佐藤さんのお気持ちはどのような感じなんでしょう？
CL	7	今ですか？　やっぱりその今、夜勤があるんですよね。
CC	8	夜勤があるんですね

CL	8	はい。まぁどうしても生活が不規則になるので、どうしてもしんどいんですよねー。うん。今って言われるとそんな感じですかね。
CC	9	今はしんどさというところで言うと、特に夜勤があるからちょっと体力的にきついかなぁという気持ちに今思われているというところですか？
CL	9	はい、そうですね、はい、そう思います。
CC	10	今の夜勤以外で、佐藤さんがしんどいなぁと思っていることとか、他に何かあれば併せて、うんそうですね。
CL	10	はい、夜勤以外で…まぁ以外でって言われると歳なんですかねー、気が抜けたというかねー、なんか本当しんどいなぁって最近思うんですよねー。うん。
CC	11	今気が抜けたような、思いも持たれているということですかね。
CL	11	はい、そうですね。
CC	12	何かそういうお気持ちになられた、その、きっかけというのが何か思い当たることとかって？
CL	12	あー、そうですね、私娘がいるんですけどね、
CC	13	娘さん、いらっしゃるんですね。
CL	13	娘がちょうどこの4月に大学卒業しまして、でまぁ一人前の社会人になったんですよ。だからまぁそれもあって、なんかもう私がですね、家を支えなくていいんだろうなぁみたいなぁ、なんかそんなのもあるんだろうなと思いましたね
CC	14	そうなんですね。じゃあ娘さんのほうが卒業、大学を

		卒業されて、少し安心したのと同時に気が抜けたようなところがおありということですか。
CL	14	そうですねー、はい。多分もう一生私が働かなくてもよくなったんだなー、だからちょっとホッとしたのかもしれないですね。
CC	15	ホッとされたのかもしれない、ということですね。
CL	15	はい。
CC	16	今まででは、家族構成なども含めて、佐藤さんが支えていらっしゃったのか、ちょっとそういうところを詳しく教えていただいてもいいですか？
CL	16	はい、あの私ですね、まぁちょっと離婚しまして、昔に。ちょうどその6年前か、今の会社に入る時だったので。で、まぁやっぱりね、その頃、娘は学生でまだまだちゃんと食べさせていかないといけないし、でまぁ、ほんとにボーナスもちゃんとあって、お給料が良いところと思っていろいろ探したらこの介護職っていうのがあったので、なので、もうほんとに当時は、なんだろうもう、無我夢中というか、もうとにかく私がこれから面倒をみていかないといけないっていう気持ちで、それで、まぁ、今の仕事を始めた、という感じですね。
CC	17	そうなんですね。それが今のお仕事に就かれるきっかけということですかね。
CL	17	はい、そうですね。
CC	18	ではその当時はお仕事を探されるところ、生活をご自身でしていくというところで、お気持ちとしては、大変だったのかなぁって想像してしまうんですけれども、今振り返られてどのような感じですか？

CL	18	そうですね、もうほんとにあの時はね、ものすごい大変だったんですよ。もう大変であんまり覚えてないくらい大変で（笑）。
CC	19	そうなんですね（笑）。
CL	19	もう無我夢中で、がむしゃらに今までやってきたっていう感じですね。いろいろありましたからねぇ。
CC	20	特にその覚えていらっしゃらないくらい大変だった、というところなんですけれども、うん。娘さんはお一人ですか？
CL	20	そうですね。うちの娘は、はい一人娘なので。
CC	21	お一人様なのですね。では、佐藤さんとお二人で。
CL	21	そうです。
CC	22	生活をされてきたという状況だったんですね
CL	22	はい。そうですね。
CC	23	その、今の佐藤さんと当時の佐藤さんと、ご自身の中で何かこう、大変だったこととか楽しいこととかあったと思うんですが、思い出されることって何かありますか？
CL	23	あーそうですね、いやーもうほんと当時は、もうほんとに夢中というかねー。とにかくまぁ私ねー、結婚と同時に会社を辞めているので、専業主婦だったんですよー。そんな人をどこか雇ってくれるのかなあっていうことで、もう本当無我夢中だったんですね。なので、ああ今やっと、なんだろ、こう親の責任を果たしたというかねー、そんな気分ではありますねぇ。

CC	24	佐藤さん自身が、女手一つで娘さんを育ててこられて今ようやく、じゃぁ落ち着かれたという、振り返ると思う。
CL	24	そうですね、はい。
CC	25	では、佐藤さんのほうで、今、昔を振り返って落ち着かれた、安心した、ホッとしたというところで、ご自身の今からの将来に何かイメージされてることがおありでしたら、いかがでしょうか？
CL	25	うん、そうですね、うん。まぁ、これまでみたいに、もう一生懸命やらなくていいのかなぁっていうのをちょっと思ってますね。
CC	26	一生懸命やらなくてもいいんじゃないかなぁと、それはどのようなことでそう思われていますか？
CL	26	まぁやっぱりそう思うのは、娘もねぇ就職して、まぁお給料もそんなに多くはないと思いますけれども、自分のお小遣いとかね自分の身の回りのこととか、そういうのは全部自分でできるっていう風になってくれたので、まぁ今までやっぱり大学だと学費がいるとかね。そういうの大変だったんですけど、もうそういったものがなくなったので、後はもうほんとに、自分のことだけを考えるって言ったら変ですけど、だけどねやっぱり、働かない訳にもいかないので、でも私6年間ほんとにずっとがむしゃらに突っ走ってきて、他に何かできることってあんまり思いつかないので、うん、どうしようかなぁっ、ていう感じですね。
CC	27	じゃあ、今はまだ将来のことはご自身で、今思いつかないというような？
CL	27	うん、そうですね。これからどうしていこうかなぁっていう感じですねー。うん。

CC	28	今のご相談の内容にもありますように、今はもう頑張ってこられたお仕事も含めて、6年間頑張ってこられて、今ご自身のこれからについて考える機会、きっかけというのは今回が初めてですか？
CL	28	そうですねー。
CC	29	今まではどんな感じでしたか？
CL	29	いやもう、ほんとに今まで、まぁさっきも言いましたけど、がむしゃらに突っ走ってきたので。
CC	30	そうですね。すみません何度も。
CL	30	いえいえ、考える余裕もなかったですね。
CC	31	では、ようやくここにきてご自身を考えられるきっかけになったということですか？
CL	31	そうですね。確かにそんな感じですね。
CC	32	佐藤さんとしては、じゃあ今、娘さんの手が離れて、そうですね、これから考えることが思いつかないということなので、今現時点でお仕事への気持ちってどのような感じですか？
CL	32	仕事への気持ちですか？　あまり考えたことがないんですけど、まぁ、生活費を稼ぐためみたいな感じですかねぇ。
CC	33	なるほど。生活費を稼ぐために今の仕事を続けていると。
CL	33	そうですね。はい。

CC	34	今のお仕事に就かれたきっかけが、先ほどご離婚でということだったんですが。
CL	34	はい、そうですね
CC	35	その条件だけで選ばれた以外で何か、ありましたか？
CL	35	いや、それはもうないですね。
CC	36	ないんですね。
CL	36	もうほんと条件だけで、こんな専業主婦の私をという、まぁなので、ほんとにねー、ありがたいなぁと思ってるんですけどねー。
CC	37	ありがたいな、と思われている。
CL	37	でも、ちょっと、しんどいなっていう感じですね。
CC	38	しんどいなぁと。今のこのお仕事で楽しさとかやりがいとか、何か佐藤さんの大切にされてることってありますか？
CL	38	仕事で、ですか？
CC	39	はい、仕事で、ですね。
CL	39	うん。まぁやっぱり、介護って、そのお年寄りが相手なので、嫌な気持ちになってもらわないようにとか、まぁ、後はやっぱりそのお年寄りの方々のご家族への気持ちとか、うん、そうですね、まぁ平たく言うとクレームが出ないようにっていうか。あー、そういう風には考えてますね。
CC	40	そうなんですねー。クレームが出ないようにというようにお考えになったのは何かありましたか？

CL	40	うん。あー、まぁあの結構クレーム出やすいんですよね、介護職って。
CC	41	はい、ああそうなんですね。
CL	41	はい、なのでそこは出したくないなっていうふうに思いましたね。
CC	42	なるほどその出したくないなぁっていう気持ちになられるのは、どういったことからなんでしょうかねー。
CL	42	まぁ、不愉快になってほしくないっていうことですよね、相手に。あとまぁ、私の勝手な意見ですけど、自分の評価も下げたくないっていう、まぁボーナスの査定とかにも響いてくるので。単純にまぁ相手の方に感謝されたいっていう、そういうのがありますね。
CC	43	じゃあ、まぁご自身の評価もそうだし、相手に感謝されたいというお気持ちで、ということですか。
CL	43	そうですね、はい。……（沈黙3秒ほど）。
CC	44	今はお話が途切れてしまっているんですが、

（ブザー鳴る。終了）

2つの逐語記録を読んでみて、いかがでしたでしょうか？　実際の実技面接試験ではこのようなことが行われています。

(3) ロールプレイの様子を動画撮影する

◎　用意するもの
・ロールプレイの様子を撮影できる機材（スマートフォン、ビデオ等）

・相談者役をしてくれる大人1名
・相談内容、ロールプレイケースを渡し、役作りをしてもらう。「2級キャリアコンサルティング技能検定」の過去問題を参考にするとやりやすい（このとき、女性は女性役を、男性は男性役をすることが望ましいです）。

> 「2級キャリアコンサルティング技能検定」の過去問題（ロールプレイケース）は、下記キャリアコンサルティング協議会のサイトよりダウンロードできます。
> https://www.career-kentei.org/about/learninfo/

・タイマー等、時間を計れるもの
・紙とペン、パソコン等（記録できるもの）

　試験は15分間の面談です。その様子を動画で、自身の表情と相談者の表情がわかるように撮影を行ってください。着席している2名の上半身が写っているくらいの感じです。

　15分間の動画撮影ができたら、紙とペン、パソコン等の気づいたことを書き込める（入力ができる）ものを用意してください。そして、一度動画を再生してみてください。

　まず、最初に自身の様子をチェックしてください。以下のチェック項目で客観的に自分を観察してみてください。☑が多ければ多いほど、改善点が多いということになります。

【表情について】※あてはまるものに□をしてください。
　□ 困っている感じ
　□ 怖い感じ
　□ 相談者と視線をまったく合わせない
　□ 相談者をにらんでいるような感じ

□ 硬い雰囲気（こわばった表情）

□ 眉間にシワを寄せている

□ ずっと目を閉じている（目を閉じている時間が長い）

□ 相談者が何を言っても無表情

□ 視線が泳いでいる

□ 瞬きが多い

□ とても緊張している様子

□ 不自然な表情をしている（相談者の話す内容に適さない）

□ ずっと笑顔のまま

□ 反応がおおげさすぎる

【声について】

□ 早口で話している

□ 相手の話を遮る（相談者が話そうとしているのに譲らず自身が話す）

□ 相談者が話し終わっていないのに話し始めている

□ 声が大きい（相談者とマッチしていない）

□ 声が小さい（相談者とマッチしていない）

□ 甲高い声

□ 語尾がハッキリしない

□ 淡々としている

□ 抑揚がなく一本調子

【うなづき、あいづちについて】

□ うなづきがかなり少ない

□ うなづきがかなり多い

□ うなづくタイミングがとても早い

□ うなづくタイミングがとても遅い

□ あいづちがかなり少ない

□ 同じあいづちばかりでバリエーションが少ない

【姿勢】
□ 前のめりで相談者に威圧感を与えるような印象
□ 極度の猫背
□ 椅子の背にもたれている
□ 手や足が必要以上に動いている
□ 足を組んでいる

次に、相談者の声や表情に注目してください。相談者の、<u>最初と、15分の間の表情</u>を見比べてみてください。

① 相談開始時の相談者の表情
② 15分の間での相談者の表情

この2つの表情を見比べて、感じたことを紙に書き出してください。

特に変化がない場合は、ロールプレイの内容について見直す必要があるかもしれません。変化がある場合はどのような変化があったのかを詳しく書き出してください。

例えば「最初は少し緊張しているような表情で、これまでのお仕事の話をしているときには笑顔もあった」等、あるいは「最初、少し緊張している様子であり、途中うつむき加減で黙り込んでしまった」等です。

客観的に動画で自身のロールプレイを見ることで、改善点が浮き彫りになることは多いです。私自身もそうです。自身の動画を見て「ああ、なんて怖い顔なんだろう」とか「これは何を言っているか相談者に伝わってないな」とか、いろいろなことに気づき、そこを改善するように

努力していました。

　最初は「自分が話している動画を見る」ということに抵抗があると思います。少しずつで良いので、これをロールプレイの練習に取り入れていくと、合格に近づいていきます。

(4) バーバルとノンバーバル（言語と非言語）

　キャリアコンサルタントの勉強をしたことがある人なら、バーバル（言語）、ノンバーバル（非言語）という言葉を一度は聞いたことがあるかもしれません。

　コミュニケーションを図る際に、非言語でのメッセージは言語よりも優れて相手に伝わります。これはどういうことかというと、次の2つの例を見てください。

（例1）
「はい、わかりました！」
　…とても元気よく、相手の目を見てハッキリと発言している様子

（例2）
「はい、わかりました…」
　…声が少し小さくなり、うつむき加減で目をあわせずに元気なく発言している様子

　この2つはどちらも同じ言葉を発しています。しかし、何かが違いますよね？　その「何か」が非言語です。

　言語と非言語では、非言語のほうが相手に優位に伝わる性質があります。そのため、例1の場合はそのまま対話を進めて問題ないですが、例2の場合はいかがでしょうか？　そのまま進めて大丈夫でしょうか？

　もし、あなたがキャリアコンサルタントなら、例2のようなあとにどのような対応をしますか？

　この例2での相応しい対応として、キャリアコンサルタントは「何か変だな？　どうしたのかな？」ということを感じるため、もし私なら「もしかしたら、私の理解不足で見当違いなことを言ってしまったかもしれません。申し訳ございません。何かもし違和感がありましたら、教えていただけませんか？」と応答します。

　このように、「何か変だな」と感じた場合、それはおそらく間違いではないため、その部分を修正していく必要があります。間違ってもここをスルーしないよう気をつけてください。スルーしてしまうとラポール形成が途切れた状態（相談者に寄り添えていない）となり、そのあと具体的な展開につながらない状況となることが多いです。

(5) ロールプレイの様子を音声録音する

　ご自身のロールプレイの様子の「音声」を録音して聴き返す、ということも練習の中に取り入れてください。動画と音声は同じでは？と考えるかと思いますが、私はできれば動画と音声の両方の記録をおすすめしています。

　その理由としては、動画は目から入ってくる情報が膨大なため、視覚で客観視できる表情や雰囲気等の確認用に使用します。一方で音声は聴覚、耳のみで聴くためそのロールプレイの内容をより深く客観的に聴くことができます。また、あとで「逐語記録作成」の際に活用できるため、音声の録音も必要かと思います。

　つまり、動画はそのロールプレイの雰囲気や表情等を客観的に観ることができ、音声はそのロールプレイの内容をより深く客観的に聴くことができ、2つの異なる角度からの確認をする際に役立つということになります。

(6) 逐語記録を作成してみる

逐語記録とは、簡単に説明すると「音声を文字にしたもの」となります。対話を録音して特に重要な部分に関しては一言一句逃さないように文字にします。その際、言葉以外の非言語についても記述します。

① 用意するもの

・ロールプレイを録音したもの（動画や音声を録音したもの）
・録音したものを文字にするためのツール（パソコン、紙とペン、音声入力で文字にできるもの等）

② 逐語記録の作成開始

基本は、話しているすべての言葉を耳で聴いて拾って文字にすることです。

例えば、音声で「えっと、私はキャリアコンサルタントの津田です。今日はよろしくお願いいたします。」というように、通常はあまり気にしていない「えっと」という部分も必ず文字にします。

他に「うーん…（うつむいて沈黙する。7秒くらい）」というように、その時の様子が非言語レベルでわかるように事実を文字にします。

こうしたことに気をつけて逐語記録を作成していきましょう。

③ パソコン入力の場合

パソコンで word 等の文字入力できるソフトを起動させます。

音声を聴きながら、パソコンでタイピングを行い文字にしていきます。おそらく、タイピングより音声の進むほうがスピードが速いため、何度も音声を止めて入力して、という作業を繰り返し行うことになるかと思います。

④　紙に文字で書き出す場合

　紙とペン等を用意します。音声を聴きながら、紙にペンで文字を書いていきます。この場合も音声の進むほうが手書きのスピードより速いと思われるため、何度も音声を止めて入力してという作業を繰り返し行うことになるかと思います。

⑤　音声入力の場合

　スマートフォン等に「音声入力」という機能があることをご存知でしょうか。私はよく使っています。メモ等にタップして入力するとき、画面の下のほうにマイクの絵が出ています。ここをタップすると音声入力画面になるため、音声を聴きながら自分の声でその音声を繰り返し、スマートフォンに向かって話すとそのスマートフォンの画面に文字として入力されていきます。

　この音声入力のメリットは、ほかの方法と比べると文字にする時間が短縮できて、あとからパソコン等で修正や編集ができるということです。

　いずれの方法でも構いません。一度ご自身のロールプレイや他の人のロールプレイを逐語記録にしてみてください。

(7) ロールプレイが上手な人と自分自身の逐語記録を比較してみる

　これから紹介する逐語記録は、初回面談で目標設定までできたケースです。時間は15分間です。一度読んでみて、ご自身の逐語記録との違いを感じてみてください。

◎ 逐語記録③（目標設定までできた逐語記録）

相談者：佐藤典子、53歳。娘（25歳）と同居。高校卒業後、文具販売会社に8年間勤務して結婚、出産を機に退職。現在は特別養護老人ホームに勤務し、6年目。

（相談したいこと）離婚を機に介護ヘルパーの仕事を6年しているが、体力的にきつくなってきて、この先ずっと続けていく自信がなく、思い切って辞めたほうがいいかと悩んでいる。この先の生活もあるので、働いていかなければならないと思っているが、自分にあった仕事が見つかるかわからず、相談したい。

（CC：キャリアコンサルタント　CL：相談者）

CC	1	はじめまして、○○と申します。
CL	1	はじめまして、佐藤と申します。よろしくお願いいたします。
CC	2	こちらこそよろしくお願いいたします。佐藤さん、ちょっと話し始める前に、話しやすいように少し椅子を動かしてもよろしいでしょうか。
CL	2	はい。
CC	3	すみません、ちょっとだけ動かしますね。はい、こんな感じで。何か近いなぁとか遠いとか違和感ってないですか？
CL	3	はい、大丈夫です。

CC	4	はい、ありがとうございます。じゃあ今日ですね、お話をさせていただく前に、こちらのほうから3点ほどお伝えしたいことがありますので伝えていきますね。
CL	4	はい。
CC	5	まず1つ目なんですが、私どもキャリアコンサルタントには守秘義務がございまして、今日佐藤さんがお話ししていただくことが勝手に外部に出回るということが、絶対にありませんので安心してお話をしていただければと思います。
CL	5	ありがとうございます。
CC	6	次になんですが、今日は面談のお時間を○分頂戴しておりまして、ここに時計があるんですが、大体○時○分ぐらいですかね。大体○分後くらいまでと思っておいていただければと思います。一緒に見えるようにこうしておきますね（相談者と共有できる位置に時計を置き直す）。見えますか？
CL	6	大丈夫です。
CC	7	大体こんな感じでやっていきたいと思います。あと最後なんですけど、今日は佐藤さん、この面談のお時間が終わるころ、どんなお気持ちでお家に帰りたいなぁと思いますか？
CL	7	そうですねー、まあなんかスッキリして帰りたいなと思います。
CC	8	スッキリしたいということですね。はい、わかりました。スッキリしていただけるように私も頑張っていろいろとお話を聞かせていただこうと思うんですが、いろいろ質問させていただいてもよろしいですか？

CL	8	お願いします。
CC	9	ありがとうございます。で、もし面談の中でこれは言いたくないなぁとか、ちょっとこの話はしんどいなぁということがありましたら、遠慮なく、すぐに教えてください。では、今日はどのようなご相談でしょうか。
CL	9	えーっとですねー、あの今ですね、特養でヘルパーで働いているんですけれども。
CC	10	とくよう？
CL	10	特別養護老人ホームなんですけれど、今で6年目なんですけれども、最近ちょっとしんどいなぁと思って。
CC	11	あー、しんどいなぁと。
CL	11	なんかちょっとこのまま続けられるかなぁと思ってね。
CC	12	どうしようかなぁと思ってるんですね。
CL	12	まぁねー。で、今私53歳なんですが、まだまだ先に生活があるし、かといって自分が何が合うかわからないし、どうしたらいいかなと思って相談に来ました。
CC	13	ありがとうございます。ちょっと今佐藤さんがおっしゃったことをまとめさせていただくと、佐藤さんがヘルパーさんで今特養で、ええと6年目でしたっけ、お勤めされていると。最近なんだかちょっとしんどいなと思う。で、辞めるにしても、今後の生活のこともあるし辞める訳にもいかないかなと思う、そのような感じでよろしいでしょうか？
CL	13	はい、そうですね。
CC	14	じゃあ、そのしんどいなぁと思われたきっかけです

		ね、そこをもう少し詳しく教えていただいていいですか。
CL	14	そうですね、まぁ6年目なんですけれどもね、もうわかんないまま頑張ってきたんですけど、ここ最近、なんかねー夜勤とか連勤とかそこまで意識してなかったんですけど、最近なんかちょっとしんどいなぁと思って、朝起きてもなんか目覚めもしんどくて、このままずっとしんどいまま仕事続けるのかなと思って、体力ちょっと落ちてきたかなと思って、ちょっと自信がなくなってしまったんですね。
CC	15	自信がなくなってしまったんですね。何かそのしんどいなと思われたのはいつぐらいからそんな風になったんでしょうか。
CL	15	そうですね。意識し出したのは最近ですね。1か月かそれぐらい前なんですけれども。でねーやっぱり年々これからしんどくなるのかなあと思って。でね夜勤があるから今お給料がいいんですけどね。今はやっぱり介護なんですけど、私がこれから働くにしても何をしたらいいのかわからないし、まぁこのまま介護かなと思ったりもするんですけどね。
CC	16	介護かなと思ったりもする。他に例えば介護でなくてもいいなという気持ちもあるんでしょうか。
CL	16	うん、それがしんどくなければ。
CC	17	しんどくなければ。先程から佐藤さん、しんどいということを何度かおっしゃってるんですが、そのしんどいということについて、佐藤さんが思われていることを教えていただいてよろしいでしょうか？
CL	17	そうですねー、まぁ娘がいるんですけど、今年の4月になんとか大学を卒業して社会人になったんですけど、それまで学費を稼がないといけないんで、それで

		無我夢中で働いてきたんですけど、めでたく就職が決まったんですね。今落ち着いたところで。何かちょっと今まではずっと娘のために働いてきてたんですけど。なんかまぁその目的もなくなったからかなぁとか思ってるんですけどね。
CC	18	これまではお嬢様のために一生懸命働いてこられた、ということだったんですね。お嬢様が独り立ちというか、社会に出られて佐藤さんのお気持ちはいかがですか？
CL	18	そうですね、まぁ親の義務を果たしたという感じですかね。やっぱり私が働かないと、生活ができないんで。
CC	19	そうなんですね。
CL	19	だからまぁ、とにかく娘にはちゃんと学校行ってもらって、卒業して就職してもらいたいと思ってたので。
CC	20	ああ、そうだったんですね。もうすべて終わられてちょっとホッとされているようなところもありますか？
CL	20	確かに（少し笑う）。それまでずっと専業主婦だったんですよ。
CC	21	ああ、そうだったんですね。
CL	21	あのまぁ、ちょっと私、娘が中学の時にちょっと離婚しまして。
CC	22	そうなんですね。はい。
CL	22	それでまぁ、それまでは、娘が生まれるまでは文房具販売の所でちょっと事務とかしてたんですけど、でも娘ができてからずっと専業主婦をしてたんですけど、

		今度私が育てることになったんでね。それでまぁ何ができるかなぁっていうのと、長く働きたいっていうので介護にしたんですけどね。
CC	23	あぁそうだったんですね。ちょっと言いづらいことを教えていただいてありがとうございます。
CL	23	あーいえいえ。
CC	24	そしたら、これからどんな風にしていったらいいのかなあ、というところですよね。ちなみにあの、佐藤さんの趣味とかね、あとやってて楽しいなっていうことって何かありますか？
CL	24	そうですね、ちょっとお休みの日にバウンドテニスしてるんですけど。
CC	25	へー活動的ですねー。
CL	25	(笑顔)まぁ、それですっきりさせてるんですけどねー。でも最近6年、しんどくなっているんですけどね。
CC	26	じゃあ、最近行ってないんですか？
CL	26	そうですね、ちょっと回数が減ってますけどね。
CC	27	回数が減ってるけど？　週どれぐらいとか？
CL	27	そうですね、今は週1くらいですね。
CC	28	週1くらいなんですね。それに行かれている時って佐藤さんはどんな気分なんですか？
CL	28	そうですね、もう思いっきり打ってるんで！（笑顔）
CC	29	思いっきり打ってるんですね（笑顔）。

CL	29	まあ、ちょっと仕事の中でモヤモヤしたこととか全部それでスッキリできるし、まあ、友達もいてるんでその終わった後みんなでちょっと飲み行くっていうのが楽しみになっています。
CC	30	いいですね。そういうことをされているということなんですね。ちなみになんですけど、今は正社員でいるんでしょうか。
CL	30	はい。正社員です。
CC	31	あ、正社員なんですね。正社員以外の働き方みたいなものは考えられたことありますか。
CL	31	あー…考えてなかったですね。もうとにかく稼がないといけないということで、まず正社員でとしか考えてなかったので。
CC	32	そうですねー。で、まあ今回ちょっとお嬢様が就職されてホッとされていると。それからすいません、もう1つお聞きしたいんですけども、お嬢さまは今一緒に暮らされているのか、それとも別の所で？
CL	32	今一応、娘とは今のところは一緒に住んでいます。
CC	33	一緒にいらっしゃるんですね。ということはホッと一息ついて、当然にこれからの生活のこともありますから、お仕事をしないといけないとおっしゃってたんですけれども、そのスタイルをちょっと変えるというような、そういうことを考えられたことがありますか？
CL	33	ないですね、とにかくこの間まで必死で働いてきたんで。
CC	34	そうですよね。例えばもし今佐藤さんが正社員ではなくて、例えばですけど、週3回とか週4回とかパート勤務に切り替えたとしたらどうなると思いますか？

CL	34	そうですね、まあ体力的には楽になりますね。収入は減るけど。まあ娘もね卒業した訳ですけど。
CC	35	他には何か変わりそうですか？
CL	35	（笑顔）まぁその分、バウンドテニスが！（楽しそうにテニスの動作をする）
CC	36	ちょっと楽しみが増えるというような感じでしょうか。
CL	36	そうですね。
CC	37	何か他に困りそうなこととかありますか？
CL	37	まぁとにかく生活だけなんでね。それと仕事、もし次するとしても何ができるのか。もう私53なので何ができるのかなって。
CC	38	ということが気になる、ということですね。あとはお嬢さんと協力して一緒に生活されていくというような感じですかね？
CL	38	まあ娘が結婚しない限りは。
CC	39	そうですよね。
CL	39	多分娘も帰ってきてバタンキューなんで。あのちょうど始まったばかりなので多分私がちょっとフォローしないと（嬉しそうな笑顔）。
CC	40	あー、そうですね。優しいですね、必要かもしれないですね。であれば、やっぱりお2人で力を合わせて少し、こう頑張っていかれるのかな？というような、そんな感じなんですかね？
CL	40	そうですね。

CC	41	わかりました。今何か他に気になることとかありますか。
CL	41	そうですねー、もうとにかく今ちょっとしんどい、今の働き方だったらちょっとしんどいかなぁということですね。
CC	42	一番それが気になるというところですよね。
CL	42	そうですね。
CC	43	はい、わかりました。じゃあ、これまでのお話、佐藤さんのお話を聞かせていただいて思ったことなんですけども、佐藤さんが今後ちょっと楽になっていただけるような働き方ですね、そういったものをいろいろと話をしていきたいなと思うんですが、まずはさっきもおっしゃっていたように「何ができるかなぁと」おっしゃられてましたので、ご自身で気づいていない、佐藤さんは気づいていないけれどもできること、というのがあるかもしれないですね。ですので、それを職務の棚卸し、といいますか佐藤さんが何ができるか、どんなことが得意なのか、逆にどんなことをしたくないかとか、そういったことをまずは洗い出してみるというところが1点と、あともう1点が、せっかく今まで長く勤められておられますので、そこでちょっと正社員からパートに切り替えてみるというような、こういうところ、この2点について残りの時間を使って、今後佐藤さんが少しでもラクに楽しくお仕事していただけるように、お話しを進めていきたいなと思うんですけれどいかがでしょうか？
CL	43	そうですね、はい。ちょっとお願いいたします。
CC	44	わかりました。ありがとうございます。

（ブザー鳴る。終了）

第 **6** 章

実技面接試験に合格！
逐語記録の活用

合格するために逐語記録を活用しよう

（1）逐語記録とは

　前章でも少し説明しましたが、「逐語記録」とは相談者との対話を文字にしたもののことをいいます。

　作り方は、カウンセリングを行う際に相談者との対話を録音し、それを聴き返しながら一字一句を文字にします。その際に非言語も同様に文字で表します。例えば「深いためいき」「沈黙（約7秒）」「少し笑顔」「大きく目を見開く」など、発言時の様子がハッキリとイメージできるように文字にします。

　こうして一連の対話を文字として起こしたものが「逐語記録」です。

　逐語記録は、実技面接試験を受験する際の自分自身のロールプレイ（面談）に対する振り返りの材料として大変役立つものです。

◎　逐語記録にするための流れ

> 15分間のロールプレイ音声を録音する
> 　↓
> 録音した音声を再生して聞きながら文字に書き起こす
> （パソコン、音声入力等で）
> 　↓
> 出来上がったら文章を多少整える
> 　↓
> 逐語記録の出来上がり

（2）逐語記録の重要性

◎　逐語記録で何がわかるのか

　実際に逐語記録を作成してみるとどうなるかということですが、まず自分自身としっかりと向き合うことになります。

　具体的に説明すると、自分自身が話している声を自分の耳で聴くため、最初にこれを体験すると少なからず抵抗感があります。それはどのようなことかというと、「私ってこんな声してるんだ」「話すペースがなんか早いな」「えー恥ずかしい」など、自身の中でさまざまな反応が起こります。そしてこれを少し我慢（客観視）して、自身のロールプレイをまずは聴いてみてください。

　そして、聴いた感想を紙に書き出してみてください。

　例えば、

・早口

・自信なさそう

・あの時のあの質問はだめ

・なんか間が空きすぎているような気がする

・相談者がまだ話してるのに、話し出してしまっている

・丁寧に話せている

・声が小さいな

・もうちょっと○○のほうがいいかな

　というように客観的に感じたことを、良い点、改善点ともに素直にわかりやすく書き出してください。

　これらは自身のロールプレイの音声を最初に聴いた際に行うことです。自分が話しているのを自分で聴き返すのは少しだけ勇気が必要ですが、ここを乗り越えられると今後は客観的に逐語記録の作成が行えるかと思います。

次に、再度自身のロールプレイを音声で聴きながら文字起こしを行います。私は逐語記録を作成する際は主に、音声入力を活用しています。

　音声入力は、スマートフォンをお持ちであれば、ほとんどの機種で活用できるのではないでしょうか。音声をイヤホンなどで聴き取りながら、手持ちのスマートフォンのメモ機能を起動して、入力の際に音声入力ボタンを押します。そして自分の声を耳で聴きながら自分の声で繰り返し話して、それを文字に変換していく、という作業になります。

　他に音声を聴きながらパソコンでタイピングして文字を起こしていく方法もあります。もちろんこれでも構いません。ただ、時間がかからないのは音声入力のほうだと思います。

　逐語記録を作成するときは、キャリアコンサルタントと相談者の2名がいるため、どちらが発言したのかを明確にする必要があります。

　特に決まりはありませんが、私はいつも

CC＝キャリアコンサルタント

CL＝相談者（クライエント）

としています。

　ここで余談ですが、「クライアント」と「クライエント」の違いについて、簡単に触れておきます。

　英語ではどちらも client と表記しますが、「クライエント」は、もともとはカウンセラーに相談を依頼する依頼者のことを指します。そのため、相談を受ける、サービスや助言を受ける利用者のことを「クライエント」と呼びます。

　一方で「クライアント」のほうは、IT業界では、別のコンピュータやソフトウェアから情報提供を受ける側のコンピュータやソフトウェアのことを指すようです。また、広告業界では、広告代理店に依頼したスポンサーを「クライアント」と呼び、その他の業界でも、一般的に顧客や取引先のことを示す言葉として「クライアント」を使っているようです。

　こうしたことから、キャリアコンサルタントが相談業務を行う際の相談者のことは「クライエント」と呼びます。

　逐語記録の最初には、
　CC＝キャリアコンサルタント
　CL＝相談者（クライエント）
と示しておくとわかりやすいと思います。
　私の場合は最終的にはエクセルで逐語記録を作成することが多いですので、次のように表示します。

CL	1	クライエントが話した内容
CC	2	キャリアコンサルタントが話した内容

　表のように番号をつけておくと、あとから振り返りの際にわかりやすいと思います。

　では、実際に逐語記録の一例を見ていきましょう。

相談者：佐藤典子、53歳。娘（25歳）と同居。高校卒業後、文具販売会社に8年間勤務して結婚、出産を機に退職。現在は特別養護老人ホームに勤務し6年目。
（相談したいこと）離婚を機に介護ヘルパーの仕事を6年しているが、体力的にきつくなってきて、この先ずっと続けていく自信がなく、思い切って辞めたほうがいいかと悩んでいる。この先の生活もあるので、働いていかなければならないと思っているが、自分にあった仕事が見つかるかわからず、相談したい。

番　号	内　容	感じたことや評価
CC1	キャリアコンサルタントの○○と申します。よろしくお願いいたします。	
CL1	はい、よろしくお願いいたします。私、佐藤と申します、よろしくお願いいたします。	
CC2	椅子の位置は大丈夫でしょうか？	なぜ、椅子の位置を伝えるのか、その必要性とは？
CL2	椅子の位置が大丈夫というのはどういうことですか？	相談者は急に「椅子の位置」と言われて戸惑っている。
CC3	椅子が遠いとかそういったことはありませんか？	CL2の発言に対してわかりづらく申し訳ありませんと謝罪なし。
CL3	別に大丈夫です。	何のことだかよくわからない様子からの返事。
CC4	大丈夫ですか。はい、わかりました。あのキャリアコンサルタントには守秘義務がございますので、佐藤さんのお話が外に漏れることはございませんので、安心してお話くださいませ。で、今日はどういったことでお見えになられましたか？	

CL4	はい。あの私ですね、今あの介護ヘルパーの仕事をずっとやっておりまして、で、まぁちょっと今年私53歳なんですけれども、ちょっと<u>体力的にきつくなってきて</u>、でまぁこの先これをずっと続けていくという自信がなくなってきまして、で、まぁ思い切って辞めようかなぁ、とかもちょっと考えたりしたんですけど、やっぱりまぁ自分の生活のこともあるんでねー。働いていかないといけないっていうのは充分わかってるんですね。で、それはもうわかってるんですけど、もし転職するとなったとき<u>自分に合った仕事が何かあるのかなぁっていう</u>ふうにもちょっと考えていて、で、まあどうしていいかわからなくなったので今日は相談に来ました。	
CC5	そうだったんですね。介護ヘルパーをされているということですね。で、<u>体力的にもちょっときつくなってきたの</u>で、これからどうしたらいいのかなということですかね。	要約OK
CL5	はい、そうです。	
CC6	そうなんですね。あの、私のお友達にもそういった介護関係で仕事をされている方がいまして、そういった不安をお持ちの方のお話を聞いたことがございますので。	
CL6	そうなんですね。	

CC7	はい。不安な気持ち、佐藤さんの不安なお気持ちよくわかります。今日は安心してお話しくださいませ。	CLは「不安」とは言っていない。CCの勝手な思い込み、決めつけ。
CL7	はい、ありがとうございます。	
CC8	ではちょっと時系列でお話を伺っていきます。まずですね佐藤さん、卒業されてからどのようなお仕事をされて来られましたか？	これはとても自分本位な質問。CLがせっかく話してくれたのにそこは置き去りにせず、この場合は「体力的にきつくなってきたというところをもう少し詳しく教えてください」とする。
CL8	ああ、今までですか？	相談者は置いていかれている。さっきの話をもっと聴いてほしいのに。
CC9	はい、今までです。	
CL9	私は高校卒業してから、あの、文具販売会社の事務員を8年ぐらいやった後にそれから結婚しまして、で、まぁ次の年に子供が生まれましたので、それでちょっと退職をして、という感じですね。	
CC10	そうなんですね。じゃぁその介護ヘルパーさんをされたのはどういったきっかけでしたんですか？　ヘルパーの仕事を始めたのは？	

CL10	まぁ、あんまり良くないことなんですけど…。ちょっと、離婚したんですね、私。で、そこで娘を食べさせていかないといけないので、それで、ちょっとやっぱりまぁ、正社員で、ボーナスもあって、ちゃんとした仕事につかないといけないなぁということになりまして、それでいろいろと当時、6年前ですかね、あの、仕事を探していると、まぁその、介護ヘルパー職というところに行き着きまして。まぁそれだとねー、例えば夜勤とかもあって、そうなるとお給料も多くなってくるので。それで始めたという感じですね。	最初、言いにくそうにしている。
CC11	そうなんですね。離婚をされて仕事をしていかないといけない、ということで正社員として、正社員として働いていかないといけない、という思いがあって、子供さんもおられるということで、介護をされた訳ですね。	「話しづらいことを話していただき、ありがとうございます。」など伝えると良い。
CL11	はい、そうですね。	
CC12	そうなんですね。その6年ぐらい仕事をされているということですが、その中で佐藤さんがこんなことがよかった、とかそういったことってありますか？	
CL12	そうですね、やっぱり感謝されるのが一番何か、やってて良かったなぁとは思いますね。	
CC13	そうなんですね（笑顔）。何か言葉をいただけるんですか？	

CL13	そうですね（笑顔）、「ありがとう」とかほんとにいつも助かってるよーとか、そういうふうに言っていただけるとやっててよかったなぁと思いますね。	良い表情を引き出せている。
CC14	そうですね。（笑顔）やっぱりね感謝の言葉いただけるとうれしいですもんね。そうですか。実際の仕事ヘルパーさんというお仕事について佐藤さんはどちらかというとお好きというか、お仕事としては全然嫌とは思っていないということなんですよね？	
CL14	うん。いやではないんですけど、<u>しんどい</u>んですよ、体が。	
CC15	あー、<u>しんどい</u>んですね。	OK、感情の反射。
CL15	はい。で、やっぱりあの夜勤とかもねぇ、入ってくるんで。まぁそれも、もう<u>きつい</u>なって感じですね。確かに仕事の内容とかは別に嫌いではないんですけど、だんだんその、年なんで体がついていかないというか、そこですよね。うん。	
CC16	いつ頃からそういうふうに、ついていけないなぁ、と思っておられるんですか？	最初から「きつい」を繰り返している。聴いてほしいことの現れ。「きついというのはどういうことですか？」等、オープンクエスチョンで応答することが望ましい。

214

CL16	まぁ、ここ最近ですかねぇ。	
CC17	あーそうなんですか。ここ最近なんかその、思い当たることってありますか？（CLと言葉がかぶるが譲らないで話す）ちょっとこうかな、とかってありますか？　何か？	CLが話そうとしたときは必ず譲る。
CL17	まぁ、あの1つきっかけとしては娘がね、この4月で大学卒業して、社会人になったんですよ。まぁおかげさまで就職もできまして。	
CC18	はい。	
CL18	なんか、それぐらいからですかねぇ…。	
CC19	そうなんですか。今まで育ててこられて社会人になられて、まぁちょっとホッとされたんでしょうね。	
CL19	はい。そうですね。	
CC20	ねー。そういう思いもやっぱりおありだと思いますし、それから佐藤さんはちょっとしんどいなという思いが強くなってきた、ということなんですかね。	
CL20	はい、そうですねー。とにかく今までもうがむしゃらにやってきたんで、なんかねー、気が抜けたんでしょうね、きっとねぇ。そうですねー、そういうのもあるかもしれないですね。	「がむしゃら」という特徴的な言葉に注目が必要な場面。

215

CC21	他に何か気になられることはございますか？　だから何かしんどくなってきたなぁとか。	「がむしゃら」をスルーしてしまった。
CL21	いや、まぁやっぱり歳かなぁ（笑）。そこはありますけどね。	
CC22	今、失礼ですけど何歳ですか。	
CL22	さっきも言いましたけど。	ちゃんと聴いて覚えること。
CC23	ごめんなさい。	OK、もう少し丁寧な謝罪のほうがなお良い。
CL23	53歳です。	
CC24	53歳なんですね。今、娘さんが卒業されて寂しさもあり、あと年齢ということですね。	CLは「寂しい」とは言っていない。
CL24	寂しさ？	そのため「寂しさ」と言われびっくりしている。
CC25	まぁ、えっと、出て行かれてちょっと…	CLは「出て行った」とは言ってない。
CL25	出て行かれた？	「出て行かれた」と言われてびっくりしている。
CC26	ホッとされたということですよね？	訂正なしで次に進んでいる。

CL26	出ては行ってないです。	CL が訂正している。
CC27	そうなんですか？　失礼いたしました。出て行かれたということでちょっとしんどさが、重くなってきたということですかね。	出て行ったとまだ言っている。
CL27	えーと、出て行ったというのは誰が出て行ったんですか？	何を言われているのか CL は理解できていないため、この質問。
CC28	娘さんが大きくなられたということですね。卒業されたということに感謝ですね。	CC の勝手な解釈？　少しラポールに支障が出ている。
CL28	はい。	
CC29	それでちょっと今のお仕事がきつく思われてきたということと、年齢が53歳ということで、その2つがちょっとこれからどうしようかなと思っておられるということですか？	
CL29	はい、そうですね…。	
CC30	あー。ヘルパーさんに関しまして今はまだ楽しい、と思っておられるということですが、53歳になられてしんどいなぁって思われるその理由は2つだけですか？　他に何か思い当たることなどはございますか？	
CL30	ほかの理由って？　いや、別に他にはないですね。	

CC31	他にはないんですね。じゃあ、その仕事をちょっと変わろうかなぁと思っておられるということなんですけども、ご自身、こんな仕事だったらできそうかなぁとか、こういうことをちょっと思っておられるという何かありますか？	ラポールが途切れている状態でこの質問はまだ早い。
CL31	いや、それがわからないから今日来てるんですけどね。	このように言われる。
CC32	あー。まだまったくそういうことは考えておられないということですか？	
CL32	そうですねー。<u>何ができるかなぁ</u>ということですね自分には。	最初にも言っていた（2回目）。「何ができるかな」と訴えている。
CC33	あの、ハローワークとかは行かれたりされたことはありますか？	
CL33	あの、本当に昔1回行ったことあるだけで最近はなくて。	
CC34	そうなんですね。	
CL34	インターネットでハローワークの検索サイトでほんとにチラッと見ただけなんですけど、なんか探し方とかもよくわからないんですね。で、あとやっぱり年齢的なもので、なんかどうなのかなぁとかも思いますねー。	
CC35	うん、そうですねー。一度ハローワークに行かれて年齢ももちろんあると思いますけれども、そーゆー窓口もござ	CL34でハローワークに行くこと以前に何かありそ

218

	います。相談っていうのも、最近のお仕事の現場であったりとかを調べられるのはいいかなぁと思いますけどもね。	う。そこをくみ取らずに頑張ってハロワに行きましょうと言ってしまった。
CL35	沈黙（うつむいたまま暗い表情で5～7秒）	抵抗の沈黙。
CC36	うん。あまり気が進みませんか？　そうですか。	謝罪をすることが大切。
CL36	沈黙（うつむいたまま暗い表情で5～7秒）	抵抗の沈黙。
CC37	じゃあ、あの何かこういったお仕事なら、と少しちょっと考えておられることもないですか？	何ができるのかわからないと言っているのに…。
CL37	いや、それがわからないんですよね。あの、<u>自分に何ができるのかな</u>っていうのがちょっと本当にわからないんですね。この仕事をこうやってしんどいと思っているのに、このまま続けていくっていうことに関しても、うん。やっぱり自信がないんですよね。うん。	3回目。「自分に何ができるのかな」と訴えている。
CC38	うん。何に一番自信がないですか？	
CL38	やっぱり体力ですねー。なんか疲れが取れないってゆうか。	
CC39	うん、ちょっと疲れが取れないとか、自信がないとか、そういったことを誰かにご相談されましたか？　会社の方であったりとか、どうですか？	

CL39	そうですね、会社の人に相談っていうそんな真面目なものではないんですけども、まぁ相談まではいってないんですけど、最近しんどいねー、みたいな話はしたことはありますけどね。	
CC40	きちっとした形で会社の方に、というのは、お話はされたことはないですか？	この辺りからクローズドクエスチョンが多くなる。
CL40	はい。それはしたことがないですね。	
CC41	今後されるということはどうですか？例えば夜勤もされてるってことをおっしゃってましたし、そういったところをちょっとご相談されるということを、そういうこととかは、なかなか難しいですか？	
CL41	何を相談したらいいんですか？	
CC42	夜勤と今おっしゃってたので、例えば夜勤を外してもらったりとか？　そういった何かご相談とかというのはなかなか難しいですかね？	会社に相談しろしろと何度も言う姿勢に問題あり、指示的、誘導が見られる。
CL42	そうですね。いやあの相談できないこともないと思います。	
CC43	あーそうなんですね。	
CL43	そうですね。まぁそれはちょっと聞いてみようかなぁって、今思いましたねー。	

CC44	そうですね。今ご自分のお気持ちなんかも話をされて。	
CL44	はい。	
CC45	少しちょっと会社の方と話されてもいいのかなと思いますけどね。	
CL45	はい。	
CC46	お仕事としてもね、なるべく、楽しいとおっしゃってたので続けるっていうこともねぇ、あるでしょうし。	
CL46	うん。	
CC47	もし夜勤がないんであれば体力的には少し、どうでしょうねぇ？	
CL47	夜勤がなくなると確かに楽になるでしょうねー。うん、日勤だけだったら毎日規則正しいですし、それは確かにいいですね。	
CC48	そういったこともね、ちょっとご相談されてもいいと思いますし、その分お給料的にはね、少しちょっと下がるかも知れませんけれどもねー。	
CL48	うん。まぁそれを聞き入れてもらえるかどうかもわからないので。確かに１回聞いてみないとわからないですねぇ。	
CC49	そういったことも１つご相談されたらいいんじゃないかなぁと思いますね。他に何かお話しされたいことってございますか？　何かございませんか？	

CL49	もし、他に行くとしたら<u>自分に何ができるのか</u>っていうところが気になりますね。	4回目。「何ができるかわかならい」と訴えている。

（ブザー鳴る。15分間終了）

　このように、エクセルの左側に番号もふりながら内容は真ん中に逐語として記録し、一番右側には感じたことや評価などを入れるようにします。

　一度、ご自身で作成してみるといろいろと見えてきますよ。

　この事例では、まずCC2の一番最初の「椅子の位置」の説明から少し問題があります。「椅子の位置」は養成講習で一番最初に習うかと思います。

　相談業務を行う際に相談者が話しやすいように椅子の向きや位置、キャリアコンサルタントと相談者の距離など、相談者からみて違和感がないかどうか、を最初に確認します。

　このような趣旨があるのですが、練習を重ねるにつれて、なんだかお決まりのように単調に「椅子の位置、大丈夫ですか？」「椅子の角度、どうですか？」など、初めて来談する相談者の気持ちも考えずに発言する受験生が多いと感じます。そのため、この事例では相談者が「何のこと？」と戸惑っている場面が最初にあります。

　次に、CL4の最初の相談の発言に対して、CC5では上手くまとめられており、要約できていると感じます。そしてCC6で共感を得るために介護職の友人を出してきていますが、特になくてもよいかと思います。

　CC7ではキャリアコンサルタントが勝手に「不安な気持ち、佐藤さんの不安なお気持ちよくわかります。」との発言があります。それ以前の

逐語を見ても CL からの「不安」という言葉はどこにも見当たりません。こうしたキャリアコンサルタントの勝手な思い込みや、CL が言っていないことを勝手に言うことは控えましょう。

　そして、CC8 で突然、「時系列でお話を伺っていきます。」と警察の尋問のような雰囲気となりました。そのため、CL8 ではついていけない CL が戸惑いを見せています。せっかく、最初にご自身の気持ちを少し話してくれたのに、良好な関係構築が遠のいてしまいました。

　CL10 ではご離婚の話を最初言いにくそうにしていて、それでも頑張って話してくれている様子がわかります。そのため CC11 の最初に「話しにくいことを話していただいてありがとうございます。」と、ひと言添える配慮があると、関係構築に良い影響が出そうです。

　CL13 では逐語記録の中に（笑顔）があり、非言語での様子が伝わってきます。良い影響が出そうですね。

　CL14 で「しんどい」という気持ちを発言していて、これに対して CC15 では「しんどいんですね」と繰り返す、カウンセリング技法（感情の反射）が適切に使用されています。

　CL15 では、発言に注目すると最初に話していた「きつい」という言葉を繰り返しています。CL が何度も繰り返すキーワードはオープンクエスチョンを行うことでその内容がだんだんと明らかになります。

　CC17 では、CL と発言がかぶり、CL が話そうとしているにもかかわらず、CC が話を遮って自分が言いたいことを先に言っています。ここは CL に譲りましょう。

　CL20 では、「がむしゃら」という、とても特徴的なキーワードが出ています。ここは「がむしゃらというのはどんな感じだったんですか？」等のオープンクエスチョンで CL の思いを丁寧に聴いていくことが必要な場面です。

　CL22 では、CL4 で言ったことを CC が覚えておらず、少し不満げな雰囲気も読み取れますね。そして CC23 で「ごめんなさい」と発言があ

りますが、もう少し丁寧な謝罪を行ったほうがよいですね。

　CC24 からの流れですが、話がかみ合っておらず、おそらく CC が
ちゃんと聴いて理解していないか、または「次はどんな質問をしよう
か？」と考えており、CL の話している内容が頭に入っていなかったの
でしょう。自分の考えで頭がいっぱいになっていると、このようになり
やすいため気をつけるところです。

　CC31 の質問は、関係構築がきちんと形成されていないこの状態では
まだ早いです。そのため、CL31 のような応答となる場合が多いです。

　CL32 はとても大事な部分です。「自分に何ができるか」というとこ
ろは冒頭の CL の話の内容にもありました。ここを CC が聴けていない
ため、繰り返している様子がわかります。

　CL34 で CL はハローワークのことをよくわからないと言っています。
それなのに CC35 から CC は、なぜかとても指示的にハローワークに行
くよう説得するような発言をしています。

　CL35 では抵抗の沈黙があります。非言語での様子もわかるように、
明らかに不信感を抱いています。

　CC36 ではそれに気づいたものの、特に謝罪もせず、淡々とした形で
の応答をしています。そのため、再度沈黙がやってきます。

　CC37 では、「何ができるかわからない」と CL が言っているにもかか
わらず、このような質問をしています。

　CL37 では「それがわからない」と繰り返しています（3 回目）。

　CC40 の辺りからクローズドクエスチョンが増えていて、おそらく
CC 自身もどうすればよいかがわからない状況に追い込まれていると感
じます。

　CC42 からは会社に相談したほうがよいということを何度も繰り返し
提案していますが、これには誘導が見られます。

　そして、最後の CL49 では、結局 CC に聴いてもらえなかった「自分
には何ができるかわからない」（4 回目）ことを訴えて、途中終了とな

りました。

　このように逐語記録を何度も読み返すことで、音声を聴くだけでは理解できなかった部分、特に相談者が繰り返し訴えていることや、キャリアコンサルタントが相応しくない言動を行っていること、相談者が言ってもいないことをキャリアコンサルタントが勝手に言っていることなどが浮き彫りとなり、次回に向けての改善点が明確化されます。

　つまり、

を繰り返すことが、カウンセリングの質の向上に大変役立ちます。

(3) これで合格した!　合格逐語記録例 ［キャリアコンサルティング協議会］

　これから紹介するのは、実際の試験で合格を手にされた方の逐語記録例です（実際の試験内容をそのままお伝えすることはできないため、内容は違えています）。

　この方は、惜しくも一度不合格となり、その際は44点のオールBでした。その後、弊社の講座を受講していただき、見事に合格されました。

(受験者：Aさん、30代女性)

面接試験の点数：【　66　】点

　　1. 態度：【　A　】点

　　2. 展開：【　A　】点

　　3. 自己評価：【　A　】点

◎試験当日の相談者情報

加藤次郎（37歳）、私立大学工学部卒業後、大手自動車メーカーに入社、15年目。独身。

◎相談者の第一声（来談理由）

入社後は営業として働いていたが、昨年、管理職となった。マネジメント業務も任されるようになったが、重荷に感じている。自分には営業が向いていると思っており、実家に戻って営業として働ける会社を見つけようか悩んでいる。

（CC：キャリアコンサルタント　CL：相談者）

CC	1	はじめまして。キャリアコンサルタントの○○です。
CL	1	加藤と申します。よろしくお願いします。
CC	2	加藤さんですね。こちらこそ、よろしくお願いいたします。少しお話ししやすいように、私、今座っている椅子を動かしても大丈夫でしょうか。
CL	2	はい、どうぞ。
CC	3	ありがとうございます（椅子の向きを調整する）。何かこう遠いとか、近いとか話しづらいような位置だとか、ございますでしょうか？

CL	3	あ、いえ。特に。これで大丈夫です。
CC	4	ありがとうございます。では今日お話しを始める前に、こちらから3点お伝えしたいことがございます。お伝えしてよろしいでしょうか？
CL	4	はい。
CC	5	まず1点目ですが、わたしどもキャリアコンサルタントには守秘義務がありますので、ここで加藤さんが話されたことは勝手に外に漏れることはないため、どうぞ安心してお話しください。
CL	5	ああ、はい。
CC	6	2点目ですが、今日もしすべてお話しが聴けなくて、途中で終わってしまったとしても、また次回ご予約を取っていただき、必ず続きを聴かせていただきますので、こちらもどうぞご安心ください。
CL	6	はい。
CC	7	3点目ですが、加藤さん今日の面談が終わったあと、どんな気分になっていたいですか？
CL	7	え、そうですね。なんか今思ってる問題があるのでちょっとでも気分が楽になれたらなぁって思います。
CC	8	今思われている問題があって、ちょっとでも気分が楽になれたらなあって思われるんですね。加藤さんにそうなっていただけるように私もぜひお力になりたいです。それから途中に、もし言いたくないとか、これはちょっとしんどい話だなと感じられたときは遠慮なくすぐに言ってくださいね。では、今日はどのようなことでしょうか。

CL	8	はい、入社後営業として働いていたんですが、昨年、管理職になりまして、マネジメント業務も任されるようになったんですが、とても重荷に感じています。自分には営業が向いていると思っているので、実家に戻って営業として働ける会社を見つけようかどうしようか悩んでいます。
CC	9	去年営業から管理職となられて、営業が自分には向いていると思っていて、実家に戻って営業として働ける会社を見つけようかどうしようか悩んでおられるのですね。今のお仕事に就かれるまでの経緯をもう少し詳しくお聞かせくださいますか。
CL	9	子供の頃から車に興味を持っていて、大学は工学部に進学しました。就職先は特に考えていなかったのですが、ゼミの教授の勧めで15年前に今の会社に就職して、営業として働いていました。
CC	10	同じ会社で15年も勤めてこられたのはすばらしいことですね。営業のお仕事は加藤さんにとってどうですか？
CL	10	自分で新規開拓して売上を伸ばしていくのはとても楽しく、自分には合っていると思っています。
CC	11	営業の仕事は楽しかったのですね。
CL	11	これまで、いろいろな取引先を開拓してきましたが、この仕事が好きです。
CC	12	営業の仕事が自分に合っていると思ってらっしゃっていて、実家に戻って営業として働ける会社を探そうかと思われているということなのですが、具体的に何か活動はされているのですか？
CL	12	いえ。まだ何もしていません。

CC	13	まだ何もされていないのですね。それでは、昨年、管理職に抜擢されたということなのですが、辞令をもらったときはどのような気持ちになりましたか？
CL	13	同期の中で管理職になったのが、自分は遅いほうだったので、最初は嬉しかったです。
CC	14	「最初は」ですか。
CL	14	最初は嬉しかったのですが、管理職が自分に務まるのか不安になって。
CC	15	管理職のどういったところを不安に思われたのですか？
CL	15	営業とは違って、社内の人の管理や予算との兼ね合いを調整したりすることが、自分が想像していた以上に大変で。
CC	16	加藤さんのイメージしていた管理職とはどのようなものだったのですか？
CL	16	だいたいは合っているのですが、なんせ想像以上に大変で。
CC	17	加藤さんの大変さをどなたかに相談されたことはあるのですか？
CL	17	上司には相談してみたのですが、結局は自分で考えろと言われてしまって。
CC	18	上司の方に相談したのは、その1回だけですか？
CL	18	何度か相談はしたのですが、結局は自分で考えろとしか言われませんでした。

CC	19	そうなのですね。あまり上司の方は親身に相談に乗ってもらえる感じではないのですね。その他には相談された人はいますか？
CL	19	いないですね。
CC	20	例えば、先に管理職になった同期の人とか。
CL	20	相談していないです。
CC	21	相談できない理由があるのですか？
CL	21	みんな忙しいですからね。僕の相談で時間を取らせるのは申し訳なくて。それに「そんなこともわからないのか」みたいなことを言われそうで。
CC	22	どうしてそう思われるのですか？　前にそのようなことを言われたとか？
CL	22	いいえ。言われたことはないです。なんとなく、そんな気がして。
CC	23	同期の人とは、あまり関係が良くないのですか？
CL	23	そんなことはないです。多くの同期は入社後、同じ寮に入っていて、楽しくやっていました。今は同期のほとんどが結婚して寮を出て行ってしまいましたが。
CC	24	では、同期の人とは仲がいいのですね。
CL	24	そうですね。ただ、本当に忙しいので、なかなか相談はできないです。
CC	25	例えば、逆の立場で加藤さんが他の同期の人から相談されたとしたら、加藤さんはどう対応すると思いますか？

CL	25	そうですね…同期の相談だし、少しでも時間を作って聞いてあげると思います
CC	26	加藤さんなら、わざわざ時間を作って話を聞いてあげようと思うのですね。どうでしょう。一度、同期の人に相談してみてはいかがですか？　仲も良いということですし。
CL	26	そうですね。そんな風に考えたことなかったです。

（ブザー鳴る。途中終了）

（口頭試問での「全質問」と「その回答」内容）
◆できたこと、できなかったことは？

> できたことは、うなづき、あいづち等のカウンセリング技法が使えたこと。クライエントから話を聞いていく中で、本音を聞くことができたので、ラポールの構築はできたと思います。
>
> できなかったことは、今現在の仕事に対する思いを聞くことに終始してしまったことと、オープンな質問をもっと多くして、相談者に自由に思いを話してもらえば良かったと思いました。あと、もう少し過去のことから時系列に丁寧に聞いていければ、もっと多くの情報が得られたと思ったので、今後、質問の仕方を考えて改めていきたいです。

◆相談者が訴えたかったこと（主訴）、キャリアコンサルタントから見た問題点（見立て）は？

・主訴（相談者から見た問題点）

　営業として働いていたが、昨年、管理職に昇進してマネジメント業務を任されるようになり、自身には負担で、実家に戻って営業として働ける会社を見つけようか悩んでいること。

・見立て（キャリアコンサルタントから見た相談者の問題点）

　クライエントが思っていた管理職業務と現実が違っていたというところに、仕事理解が不足していると思いました。同期の管理職に相談できるということに、気づいておらず、まだ相談していなかったということで、周りの支援を活用できていないというところも、このクライエントの問題点だと思いました。

◆今後どのように支援していきますか？

　自分ひとりで悩まずに、周りに相談できる人がいるので、まずは同期の人に相談してもらうようにする（その他、いくつかを加えて回答した）。

（Aさんの自己評価・逐語記録に対するコメント）

◆ロールプレイに対するAさんの自己評価

　相談者に、周りに相談できる人がいるということに気がついて

もらえたところは、良かったと思います。ただ、そのことを口頭試問の「できたこと」で言うのをすっかり忘れていました。あと、「今後の支援」で、この相談者は37歳未婚で、これから結婚するかもしれない等、ライフプランをどうするか、仕事に関してもキャリアプランをどうするか等の、キャリアライフプランについても話をしていきたい、ということも言いたかったです。

　それでは、合格したAさんの逐語記録に対してコメントしていきます。

　CC1〜8まで、面談の最初の部分で相談者の緊張をほぐすような場面があり、アイスブレイクを活用しており、相談者と一緒にやっていこうというキャリアコンサルタントの姿勢や配慮が伝わってきており、出だしは良いと感じました。

　CL8でCLが訴えていることに対してCC9では的確な要約を行っており、ちゃんと「悩んでいる」という感情の反射も見られ、CLからすると「話を聴いてもらえそう」と思ってもらえる場面が想像できます。

　もう少し欲を言うと、「悩んでいるということをもう少し詳しく教えていただけますか」とすると、もっと相談者自身のさまざまな話をしてもらえたのではないかと感じました。

　CC10で15年間勤務されたことをコンプリメント（ほめる）しているところは、それまでの関係構築が良好な場面で有効となるので、ここでの活用は良いと思います。また、その次の質問がオープンクエスチョンで行われていることも、その後の展開に良い影響が出るように感じます。

　CC11では「楽しい」という感情の反射ができています。

　CL11の「好きです」について、ここも感情の反射を行い、オープンクエスチョンで深めていくとまた違ったCLの話も出てきたような気がします。

CC13 で「抜擢された」との発言がありますが、ここは慎重になるべき部分です。というのも「抜擢」というのは良い捉え方をしている言い方のため、CL がここに対して良いと思っているのか、悪いと思っているのかがまだ不明確なため、安易に「抜擢」という言葉を使うと、CL は「そう思ってないんだけど…」と少し反発を招く恐れがあるためです。

CC15 では、「不安」という発言に対してオープンクエスチョンで CL の思っていることを深めています。

CC16 でもオープンクエスチョンで応答しています。

CC17 からは CL の周囲のリソースに対する確認をしています。そして、ここからはクローズドクエスチョンも活用して、対話の内容を展開させている様子がわかります。

CC25 で「視点の移動をさせる質問」が使われています。CL はほぼ視野狭窄に陥っている場合が多いため、このように一旦 CL の目線とは違う方向から考えるとどうなるのかをイメージしてみてもらうと、CL の中で「何かに気づく」ことがあります。

CL26 では「何かに気づいた」様子がわかりますね。

このように、15 分という短い対話の中で最初に相談者が発言していたことと、最後の方とで内容が違っていれば面談が展開しているため、合格となります。

(4) これで合格した！ 合格逐語記録例
［日本キャリア開発協会（JCDA）］

次に紹介する B さんも、惜しくも 1 回目は不合格となり、弊社の講座を受講後、2 回目で合格された方です。

（受験者：B さん、40 代女性）
面接試験の点数：【　73　】点

1. 主訴・問題の把握：【　Ａ　】点

2. 具体的展開：：【　Ａ　】点

3. 傾聴：：【　Ａ　】点

4. 振り返り：：【　Ａ　】点

5. 将来展望：：【　Ａ　】点

◎試験当日の相談者情報

・年齢 44 歳

・性別：男性

・職業：会社員

・家族構成：妻 40 歳

◎相談者の第一声（来談理由）

仕事をやめて好きなことをしていきたいが、現実的かどうか悩んでいる。

（CC：キャリアコンサルタント　CL：相談者）

CC	1	はじめまして。キャリアコンサルタントの○○です。
CL	1	黒田と申します。よろしくお願いします。
CC	2	では黒田さん、早速ですが今日はどのようなお話しでしょうか。
CL	2	仕事をやめて好きなことをしていきたいのですが、現実的かどうかで悩んでいます。
CC	3	仕事をやめて、好きなことをしていきたいけど、現実的かどうか悩んでいるということなんですね。そう思うようになったきっかけは何かあるんですか？

CL	3	きっかけというと特に…、実は趣味で料理をやっていて、それが心の安らぎでして、仕事でいやなことが忘れられるんです。きっかけというとそれかもしれません。
CC	4	趣味で料理をされているのですね。いやなことが忘れられる…
CL	4	はい。それくらい没頭しています。
CC	5	そうなんですね。今のお仕事はどれくらいされているのですか？
CL	5	もう20年勤めています。
CC	6	20年、長くお勤めされているのですね…。それでも趣味のほうの料理でやっていきたいと…。
CL	6	はい。ただ…現実的かどうか…。
CC	7	現実的かどうか、というと？
CL	7	はい、実際に好きなことで食べていけるのかどうか…。
CC	8	食べていけるかどうか…経済的なことで？
CL	8	そうですね。今は20年勤めているので安定した収入もありますが、料理のほうだと、どうなるか…。
CC	9	料理だとどうなるか、経済的な面が現実的かどうか、という点ですね。黒田さんが悩んでおられることについて、どなたかにご相談されたことはあるのでしょうか。

CL	9	特にないのです。妻にもまだ相談はしていません。ただ、定期的に集まって料理をする仲間がいていろいろ情報交換などするんですが、その中の一人が先日店を開きましてそのお手伝いをしたのですが、そのときすごくうらやましい、と思ったんです。
CC	10	うらやましい、というのはどういう感じなのでしょうか。
CL	10	趣味の料理で、やっていけることがすごいと思いましたし、うらやましいなと。私だったらできないかな…。
CC	11	できない？
CL	11	はい。経済的な面で現実的なのかなと…。自信がない…。
CC	12	自信がない、というのは？
CL	12	……実は私は昔から料理が好きで、高校生の頃に料理のコンクールなどで賞をとったこともありました。ただ父からはあまり認めてもらえず、才能などないし、その道に進んだところで安定しないから、普通の大学に行って就職しなさいというふうに言われて、父の言う通りの道に進んだんです。
CC	13	お父様の勧めがあって、

（ブザー鳴る。途中終了）

（口頭試問での「全質問」と「その回答」内容）

◆できたこと、できなかったことは？

　　　できたことは、黒田さんが好きなこと、とおっしゃっていたことが料理であることや、ご友人がお店を開店されたときにうらやましいと感じたことなど話していただけたので、信頼していただけるような関わりができたのかなと思います。できなかったことは、黒田さんの感情の部分、を聴くことができていないので、感情に焦点を当てた関わりが不足していたのかと思います。

◆　（試験官からの質問）「感情とはどの部分で？」

　　　黒田さんが趣味を仕事にしていきたいという思いがある一方で、経済的な安定という部分のところで、お父様から勧められたときの気持ちがまだ聴けなかったと思います。ですので、今後はそこに焦点を当てて関わることができればと思います。

◆資格をとったらどのように活かしますか？

　　　企業内のキャリアコンサルタントとして、従業員のサポートをしていきたいです。

（B さんの自己評価・逐語記録に対するコメント）
◆ロールプレイに対する B さんの自己評価

> 全体的に展開をあせってしまったように思う。もっと丁寧に CL の状況、感情を聴いていけばよかったと思います。

　それでは、合格した B さんの逐語記録に対してコメントしていきます。

　CC1 の出だしですが、日本キャリア開発協会（JCDA）の試験では、ロールプレイ開始に先立ち、最初の場面設定、いわゆる「椅子の位置の調整」や「守秘義務の説明」などについては事前説明で指示があるため、最初の出だしはこのようになります。

　そして、CL2 のように最初の CL の発言は短くなります。

　CC3 では CL2 の発言を繰り返し、オープンクエスチョンで CL の話を深めていくようにします。

　CC4 では CL3 の発言を的確に繰り返しています。

　そのため、CL4 で「没頭」という、とても特徴的なキーワードが出現しています。できたら、ここを受け止めてからオープンクエスチョンを行うともっと経験の再現が見られたのではないでしょうか。

　例えば「没頭されている。その没頭というところを詳しく教えていただけませんか？」というような内容です。おそらくこの質問で、CL は自身が没頭しているときの楽しさや気持ちなどを話してくれるかと思います。

　CC6 では、「20 年、長く勤めている」と、これまでの CL の仕事の年数を、CC の評価を入れることなく認め、受け止めており、非常に安定感のあるキャリアコンサルティングが行えていると感じます。多くの方は、おそらくここで「ほめる」ことをしてしまうのではないでしょう

か。「ほめる」ことには評価が入っており、「認める」というのは事実のみを伝えるという違いがあります。「ほめる」と「認める」については、しっかりとその違いを理解して、活用場面を間違えないようにしましょう。

　CC7 では「というと？」と、接続詞を疑問形に変化させて CL6 の「…」の部分を促し、CL7 で思いを引き出しています。

　CC9 で CL の周りのリソースの確認をしています。

　CL9 では「うらやましい」と気持ちが出ています。

　CC10 では、その「うらやましい」を見逃すことなく、オープンクエスチョンでその意味を深めています。

　その後も CL の発言する言葉を追う、いわゆる「言語追跡」を行っています。

　さらに、CL11 では「自信がない」と新たな感情が出現しています。

　CC12 でもそこを捉えてオープンクエスチョンを行っています。

　その結果、CL12 では「実は」と CL が本当に言いたかった過去の出来事が再現されています。

　このように、15 分の中で言語追跡を行い、相談者の発言するキーワードを繰り返し、過去の経験を語ってもらうことにより、自己探索が深まっている様子がわかります。このような展開が行えると合格となります。

第7章

試験に出てくる
主な相談ケース3つ

相談ケースそれぞれの特徴を知ろう

　これまでの試験では、主に「意思決定」「現在の問題」「気持ちの整理」、この3つに対する相談内容が出題されています。

　まず「意思決定」とは、わかりやすくいうと「転職しようかどうか迷っている」といった内容です。AとBどちらにしようかな、という状況ですね。

　そして「現在の問題」とは、「上司と合わなくて困っている」といった内容です。今困っている出来事があるから、それをどうにかしたいという状況です。

　最後に「気持ちの整理」とは、自分の中でモヤモヤしていることがあり、自分自身でもそれが何かハッキリせず前向きに進めないでいるといった内容です。「このままでいいのかな？」と自分でも感じてはいるものの、どうしたらよいのかわからない、という状況です。

　では早速、それぞれの事例の逐語記録を見ながら、どのように対応するのが良いか確認していきましょう。

(1)「意思決定」の事例

◎　勤務している会社が廃業に。紹介してもらった再就職先でやっていけるかどうか

相談者：平田秀一、50歳。家族：妻（47歳）、長女（24歳、会社
　　　　員、独立）、長男（20歳、大学2年生）。4年制大学（経済

学部）卒業後、洋菓子の製造販売会社に入社し、30年勤務。現在は総務部長。

（相談したいこと）大学2年の時にアルバイトで入った洋菓子製造販売会社にそのまま就職した。昨年社長が逝去したため、この3月で廃業することになった。従業員の再就職先は取引先等にお願いし、希望者は全員決まっているが、自分自身は、会社から紹介されている仕事はあるものの、務まる自信がなく、どうしたらよいか悩んでいるので、相談したい。

（CC：キャリアコンサルタント　CL：相談者）

CC	1	本日担当させていただきます○○と申します。よろしくお願いします。
CL	1	はい、平田と申します。よろしくお願いいたします。
CC	2	はい、こちらこそよろしくお願いいたします。ではね、今日お話をさせていただく前にちょっとね、まぁそうですね3点ほどお伝えしたいことがございますので、今からお伝えしてもよろしいですか。
CL	2	はい。
CC	3	まず最初にですね、私どもキャリアコンサルタントには守秘義務というものがございます。ですので、今日平田さんがお話しされたことは、勝手に外に漏れ出したりとか、そういったことは一切ございませんので、はい、安心してお話をいただければと思います。
CL	3	はい、わかりました。

CC	4	で、もう1点なんですけれども、今日は○○分という お時間頂戴しておりまして、もしあの時間が足りなく なって途中で終わってしまったとしても、必ずまた続 きを、次回お聞かせいただきますので、はい、この辺 もご安心ください。
CL	4	はい。
CC	5	で、時計なんですけど、これ一緒に見えるようにして おきますね。まぁ大体この時間でいくと○○分ぐらい までになりますね。見えますか？（時計を動かして一 緒に見えるようにする） 最後なんですけれども、今 日ね、平田さんが帰る頃に、どんなお気持ちで帰りた いと思われますか。
CL	5	うーん。やっぱりスッキリした気分になりたいです ねー。
CC	6	はい、すっきりとした気分になりたいということです ね。はいわかりました。じゃあ、あの私もぜひ平田 さんのお力になれるようにいろいろとお話を伺おうと 思うんですけれども、質問等させていただいてもよろ しいでしょうか。
CL	6	はい。構いませんのでお願いします。
CC	7	はい、ありがとうございます。もし話の途中で何か、 あーこの話をしたくないなぁとか、あの言いづらい なぁ、しんどいなぁ、ということがありましたら遠慮 なくすぐにおっしゃってくださいね。
CL	7	はい、わかりました。
CC	8	では、今日はどのようなお話でしょうか。
CL	8	あのー、仕事というかまぁ会社のことなんですけれど も、

CC	9	うん。
CL	9	今の会社ですね、洋菓子の製造販売なんですけど、
CC	10	洋菓子の製造販売なんですね。
CL	10	はい。あの、大学2年の時に、アルバイトで、えー、その会社にあの行きまして、まぁそのまま就職したということなんですね。
CC	11	あー、そうなんですね。
CL	11	ええ。ところが、えー、昨年ですね、
CC	12	はい。
CL	12	えー社長がなくなりまして、
CC	13	あーそうだったんですか。
CL	13	あの、もう廃業することになりまして、
CC	14	廃業が決まった。
CL	14	はい、今いる従業員が、次の就職先というのが紹介とかで、皆さんほぼ決まってるんですけども、
CC	15	あー、もう決まられてるんですね。
CL	15	私も当然紹介していただいているんですが、
CC	16	うん。
CL	16	なかなかですね、なじめないという気持ちが強くて、
CC	17	なじめないという。

CL	17	というのもどうしたらいいかなぁ、と悩み、不安みたいなものと入り混ざってですね、
CC	18	あー、入り混ざっておられるんですね。
CL	18	で相談させていただければなぁと思ってきたんですけども。
CC	19	えー、はい、わかりました。はい。じゃぁ、あのちょっと平田さんが今おっしゃったことをまとめさせていただくと、平田さんは今、洋菓子屋さんで、アルバイトで大学2年生の時に入ったところで就職をされて、これまでずっとやってこられたと。
CL	19	はい、そうですね。
CC	20	去年に社長でしたっけ？がお亡くなりになられて、で廃業が決まって、その行き先が他の従業員の方も、平田さんも決まってはいるけれどもご自身ではちょっとまあ、なじめないかなぁと。
CL	20	そうですね。はい。
CC	21	で、不安でそれが悩みでもあるというところで、今日はご相談にこられたという感じですかね？
CL	21	はい、そうです。
CC	22	ではですね、その今おっしゃった、まぁ不安と悩みが入り混じっている、というふうにおっしゃられてたんですけども、この辺をもう少し詳しくお話しいただいてもよろしいですか。
CL	22	そうですねあの、まぁ社長が亡くなったという、こう一つ大きな出来事もあって、大学2年の時から勤務していて世話になって、まぁあの今は総務部長をやらせてもらってるんですね。

CC	23	あー総務部長やられてるんですね。
CL	23	はい、まぁそれほど親しんでいるといいますか、まぁ亡くなられたこともですね、まだちょっとショックみたいなところもあるんですね。
CC	24	あーショックですよね。
CL	24	はい。で、まぁあの今回廃業ということはもう決まってます。他の方も紹介で次の行き先も決まってるんですけども、どうも紹介されたところっていうのが、どうなんだろうかというような不安でいますかねー。
CC	25	はい。
CL	25	まぁ、年齢も 50 歳になりますので、えー。この先考えたときにえー。どうしていったらいいのかなぁとかですね、まぁそーゆーこの先のことを、頭の中に浮かんできまして、今一番良い方法、できれば解決策を見つけたいなと思ってるんですけど。
CC	26	解決策を見つけたいなぁというところですね。
CL	26	はい。
CC	27	うん。あの、先ほど平田さんが、どうなんだろうというふうにおっしゃられたんですが、それはどんな感じですか？
CL	27	うーん、紹介されている会社はうん、紹介者自身も教えていただいたんですけども、良い会社というか業績的に良い会社ってことはわかってるんですけども、今まで 30 年間、今の会社に勤めてましたので、
CC	28	あー30 年、長くね。

CL	28	新しいところでこの年齢でうん、やれるのかなぁとかですね。
CC	29	はい、あーやれるのかなぁっていう。
CL	29	えー。はい。というところがありまして、はい。
CC	30	へー。
CL	30	まぁ、その会社が廃業になる状態と、今仕事しなきゃいけない、家庭のこともございます。収入のこともありますので、まぁ自分自身、なんていうんでしょうね、どうしたらいい、どうしていったらいいのかというところを、まぁ収入を得る、かつ仕事もまぁ上手くやれればとか、
CC	31	上手くやれれば。
CL	31	はい、と思っておりましてなかなか紹介されたところに対してですねー、ようするに、決断ができない。
CC	32	決断ができない。
CL	32	はい。
CC	33	という気持ちなんですね。そうなんですね。その上手くやれればっていう風にね、今おっしゃってたんですけれども、平田さんのおっしゃる、上手くやるというのは、どういうところなんですかね？
CL	33	はい、あの、今紹介されてる会社は総務部ではないんですね。
CC	34	ああ、そうなんですね
CL	34	まだあの、部署までは決まっていないですけども、そ

		ういうことは聞いていないんですね。
CC	35	聞いていないんですね。
CL	35	はい、その辺にある意味不安があるといいますか、今紹介はされたけど、行ってみたけど本当にやれるんだろうかとかね。
CC	36	あー。
CL	36	不安材料が多いっていいますか。給与もまだ決まっていない。
CC	37	そうなんですね。あの、ということは、まぁ行き先はこういうところだっていうところはご理解されているけれども、まぁその詳細といいますか、そういうところがまだ何も決まっていないという感じなんですかね。
CL	37	そうですね。ただあの、行く・行かないっていう結論がですね1か月先に出さないといけないんですよね。
CC	38	そうなんですね。
CL	38	これはどうしたもんかなぁ。まぁ伸ばしても、事情を申し上げて、2か月・3か月ぐらいは伸ばしていただけるかもしれないんですけどねー。
CC	39	はい。
CL	39	ただ、他の従業員の人たちもみんな決まってますので、自分だけが決まったのに行かないっていうのもなんかこう、おかしいなぁって思いますし。
CC	40	あーおかしいなぁと思われる。
CL	40	はい。

CC	41	いろんなお気持ちがね、今入り混ざっている状態ですよね。
CL	41	そうですね。まぁ家のこと、収入のこと、これからの仕事のこと、もう入り混じってる状態ですね。
CC	42	はい。あー、その中でどれが一番気になりますか？
CL	42	やっぱり仕事がまず、あの、やれるのかなっていうところですね。
CC	43	やれるのかなっていうところですよね。そうですね平田さんね、先ほどからやれるのかなあって何度もおっしゃっているので、そこのそのお気持ちが今伝わってきているんですけれども、もしね、ちょっと考えてみていただきたいんですが、もし平田さんが、その今、あのーまぁこの就職先っていうふうに言われているところに変わったとします。どうなると思いますか？
CL	43	うーん、雰囲気に慣れようと努力すると思うんですね。
CC	44	はい。
CL	44	人間関係は時間がかかるので。早く自分が立ち上がらないといけないという、
CC	45	立ち上がる？
CL	45	その会社でやっていくということですね。上手くやっていくという。そういうことなんですけども、まぁその辺自分がどうやれるのかなぁっていうところがですね。まだ、不安だけが先行しているということですね。
CC	46	やっぱりまだ不安だけが先行しているということですね。

CL	46	はい。
CC	47	じゃぁ逆になんですが、もし、このお話をまぁ、あの切るという言い方がちょっとふさわしくないんですけど、やめるとするならばどうなると思いますか。
CL	47	うん、今仕事を見つける、転職っていいますかね。別に会社を見つけないといけないという行動に走ると思うんですけども、ただそれも少し考えてみたんですね。まぁ。
CC	48	はい。今の紹介された会社とどちらをどうしたらいいのかという。あー考えておられたんですね。
CL	48	はい。ただあの紹介されたっていうのはやはり紹介者がいる訳ですから、その人に対してもねー、礼儀といいますか恩義といいますかそういうのもありますし、
CC	49	はい。
CL	49	単純に受けてもいいのかなぁとかですねー、思ったりもしましたよね。
CC	50	あーうん。
CL	50	まずは何をしたらいいのかなぁというような。
CC	51	まずは何をしたらいいのかなぁっていうところですね。これまで平田さんの話をいろいろ伺って私がちょっと思ったこと、感じたことがあるんですがお伝えしてもよろしいですか？
CL	51	はい、お願いします。
CC	52	あのまぁ行き先がどこかというのはわかっているんだけれども、その詳細を何かこうあまり、知らないのか

		なというふうに私は感じたんですけれども、その辺はいかがでしょうか。
CL	52	あーそうですねー。はい、あのほとんどわかってないですね。予想の気持ちだけが先行しているという感じです。
CC	53	予想の気持ち、うんうん。何がわかれば良さそうですか？
CL	53	まず部署。
CC	54	はいはい。
CL	54	それと、どういう仕事を、今部署の中で、どういう仕事をその会社が希望されてるのかっていうところですかね、うん。
CC	55	その辺がね、明確になるとどうなると思いますか。
CL	55	うーん、まぁその3つ、例えば収入がわかれば生活っていうところも解消されるでしょうし、部署がわかると、部署がわかって、仕事の内容もわかると、この仕事どうやっていくかという自分の考えが出てくると思うんですね。うん。慣れようといいますか、より具体的に、慣れていこうといいますか、判断が出てくるかなぁっていうふうに思いますね。
CC	56	あー判断がね、うんうん。他には何か思うところってありますか？
CL	56	あの、その3点がわかったら？
CC	57	それでも構いませんし、何か他に思っていることとか気になっていることでも構いませんし。
CL	57	もう1つはですね、あー

CC	58	はいはい。
CL	58	その会社がどういう評価を私にしてるのかっていうのが気になるんですけど。
CC	59	あー、評価が気になるなぁと。それは、えとそういう風に思われるのは何か理由がありますか？
CL	59	うん、人間関係ていいますか、期待されること、仕事の内容以外に評価的にどう見てどうかなぁとか。会社が変われば評価の制度も違いますので、その辺どうかなぁというふうに現実的に思う訳なんですね。
CC	60	あーなるほどね。そうですよね、確かにそうなりますよねー。
CL	60	なぜ呼んでもらえたのかなあとかね、そうですねー。
CC	61	そうですよね。わかりました。はい、じゃぁあのそれ以外にですね何か今、何でもいんですけど、自由にこう考えていただいて、気になってることとか他には何かありますか？
CL	61	うん、例えば、今お話ししたいろんなことがわかったとして、この会社でということが問題だと思うんですね。ただ、自分がこれからどうしていくのかなあとかねー
CC	62	あー、そういうことも気になる。
CL	62	はい、気になりますね
CC	63	わかりました。じゃあ今おっしゃったところが明確になると、今後自分がどうしていくのかなというところも何となく見えてきそうですかね。

CL	63	そうですね、やはり具体的に、あと、自分で実感できるということであれば、より具体的にまた行動の判断も出てくる、今まではまったくないですから、具体的になるかなと思いますね。
CC	64	具体的になるかなと思われるということですね、わかりました。
CL	64	はい。
CC	65	じゃぁ、あのそうですね、ちょっと残りの時間もほんとにわずかなんですけども、残りの時間を使って今その平田さんがおっしゃっていただいた、今声をかけていただいている先の仕事の部署ですね、と、給与面とそれから仕事の内容、そしてご自身の評価ですね、なぜ呼んでいただいたのか、というね、この4つを知れるようになるために、2人でちょっとまぁ作戦タイムというか、
CL	65	はい
CC	66	そういったものをちょっと残りの時間を使ってやっていこうかなと思うんですけれども、いかがでしょうか。
CL	66	もう、ぜひお願いしたいですね。
CC	67	わかりました、はい。ありがとうございます。

※この事例では目標設定まで行いました。

　それでは「意思決定」の事例について解説を行っていきます。
　CC1～CL7では最初の場面の設定を行っています。CLが安心して話せるようにすることと、緊張を和らげることに配慮して、さらにCCも一緒にCLと共に頑張っていく姿勢を表現しています。
　CC8～CL18までは、相談者が相談に来た目的、内容を話しています。

その間に CC は適切にあいづち、うなづき、繰り返し、感情の反射等の
カウンセリング技法を用いて傾聴を行っている様子がわかります。

　CC19 から 1 回目の要約を行っています。要約を行う場合に、「あれ？
どうだったかな…2 年だっけ？　3 年だっけ？」というように、CC の
記憶があいまいな場合には、必ず CL に確認をしてください。くれぐれ
も間違ったまま先に進むことはしないようにしましょう。

　CC22 では、最初の質問、「ファーストクエスチョン」を「オープン
クエスチョン」で行っています。これは CL にたくさん気持ちよく話し
てもらうための技法です。さらに、「不安と悩みが入り混じっている」
という感情を CL が言葉で表現しているため、ここは必ず繰り返して、
忘れずにファーストクエスチョンに盛り込みましょう。

　CC27 では相談者の特徴的な言葉、「どうなんだろう」という部分に
着目して言語追跡を行っています。言語追跡とは相手が話そうとして
いることを飛躍させたり、安易に変えたりせずに CL の発言を優先させ
るということです。その「どうなんだろう」を用いてオープンクエス
チョンでこのあとの展開を行います。

　CC33 では、さらに CL から出ている「上手くやる」という特徴的
な言葉に注目して主訴の明確化を行っています。こうすることにより、
CC33 から具体的に話が展開している様子がわかります。CL37 では期
限のある事柄も出てきていますね。

　CC42 で一旦 CL のさまざまな相談内容をまとめ、まずは 1 つに絞る
ということで、「その中でどれが一番気になりますか？」と問いかけて
います。

　こうすることにより、CL の頭の中も整理されていきます。

　CL28 で「やれるのかなぁ」と言い、CL42 でも「やっぱり仕事がまず、
あの、やれるのかなっていうところですね。」と繰り返し訴えている様
子がわかります。

　CC43 で CL に考えてもらう質問を行っています。将来を想像しても

らう質問です。新しい勤務先に務めようか、どうしようかと意思決定で迷っているため、その新しい勤務先へ務めた場合の質問をしました。そして、CC47では務めなかった場合の質問をしました。

　務めた場合と務めなかった場合の2つを想像してもらった上で、CC51で「アイメッセージ」（Ｉメッセージ）を使って、フィードバックを行いました。情報不足という問題点を提示しています。

　CC53で、何がわかればよさそうかという質問をしています。ここはCCが今の時点で見立てている情報不足に関する質問ですね。

　CC56では「他には？」という質問で漏れがないようにしています。ここで「実は…」といったことを言うCLが少なくありません。この場合も「評価が気になる」という別の視点でのCLの気持ちが出てきていますね。

　さらにCC61で他にはないかと再確認しています。聞き逃したことがないようにします。ここでは「自分がこれからどうしていくのか」というCLからの発言がありますね。

　CL63ではCL自身からハッキリと決意するような言葉「具体的になる」という発言が引き出せています。

　そして、CC65で目標設定を行いました。CL66ではCLから気持ちよく同意の言葉をいただけました。このあとは方策の実行に移っていきます。

●まとめ

　「意思決定」の場合は、どちらにしようか、というところが焦点となります。そのため、その両方の選択肢を丁寧に傾聴して相談を深めていくことが必要になります。片方のみではCLに「聴いてもらえなかった」と不満が残りやすくなるため、気をつけたい点ですね。

(2) 「現在の問題」の事例

◎　最近、講師以外の仕事が増えてきた。仕事が面白くない。今後のことを考えると転職したほうがよいのか

相談者：中田　香、37歳、独身。父親（65歳）、母親（62歳）と同居。4年制大学（経済学部）卒業後、一般企業での会社員を経て、学習塾の講師として働き、7年目。

（相談したいこと）全国にチェーン展開をしている学習塾に勤務している。これまで、新店舗ができるたびに応援スタッフとして働くなど頑張ってきた。しかし、最近は講師以外の仕事も増えるなど仕事が面白くなくなってきている。今後のことを考えると転職をしたほうがよいかと迷っており、相談したい。

（CC：キャリアコンサルタント　CL：相談者）

CC	1	こんにちは。
CL	1	こんにちは。
CC	2	本日担当させていただきます、私○○と申します。
CL	2	はい、よろしくお願いします。中田と申します。
CC	3	中田さんですね。よろしくお願いいたします。では始める前になんですが、お話がしやすいように私ちょっとだけ動いてもいいですか？
CL	3	はい、どうぞ。

CC	4	じゃあ失礼します。ちょっとこんな感じで、何か例えば距離がちょっと遠いなとか近いなぁとか、違和感あるなぁっていうのはありますか？
CL	4	いいえ、大丈夫です、はい。
CC	5	はい、ありがとうございます。じゃあの、本題に入る前に3点ほどこちらからお伝えしたいことがありますので、伝えていきますね。
CL	5	はい。
CC	6	まず、最初の1点目なんですけれども、私どもキャリアコンサルタントには守秘義務、というものがございますので、
CL	6	はい。
CC	7	今日中田さんが、こちらでお話ししていただくことが勝手に外部に漏れ出したりとか、
CL	7	はい。
CC	8	そういったことは絶対にありませんので、
CL	8	はい。
CC	9	どうぞご安心ください。
CL	9	はい。
CC	10	それから今日ですね、○○分間というお時間頂戴しているんですけれども、もしお話が途中で終わってしまったとしても、次回、必ずまた予約をさせていただいて、最後まできちんとお聞かせいただきますので、

CL	10	はい。
CC	11	その辺も、どうぞご安心ください。
CL	11	はい、わかりました。
CC	12	はい、ここにね、一緒に見えるように時計を置いてますので、見えますか？
CL	12	はい、見えます。
CC	13	はい、だいたい○○分ぐらいまでだと思います。ではあと一番最後なんですけれども、今日ね、この面談が終わった後ですね、中田さんはどんなお気持ち、どんな気分で、家に帰りたいなぁって思われますか。
CL	13	あー、最近なんかこうウジウジ、ウジウジしてるので、なんかスッキリしてなんかこう、行動ができるようになりたいです。
CC	14	あー、スッキリして行動ができるようになりたいということですね。
CL	14	はい。
CC	15	じゃ、私もぜひ中田さんにそうなっていただけるように、力を尽くしますのでいろいろと質問させていただくかと思うんですけれども、よろしいでしょうか。
CL	15	あ、はい。
CC	16	ありがとうございます。もし話の途中で、何かこれしんどいなぁとか、この話をちょっとしたくないっていうようなものが出てきましたら、あの遠慮なくすぐにおっしゃってくださいね。

CL	16	はい、わかりました。
CC	17	では、今日はどのようなご相談でしょうか？
CL	17	私、学習塾の講師をしているんですけど、
CC	18	学習塾の講師を。
CL	18	最近、講師のお仕事が少なくなってきてしまって、
CC	19	少なくなってきた。ええ。
CL	19	あの、他の役割とか、他の仕事がまわってくるようになったので、
CC	20	あ〜、ええ。
CL	20	ちょっと面白くなくなってきまして、
CC	21	面白くなくなってきたんですね。
CL	21	で、転職しようかなって、ちょっと悩んでいるんです。
CC	22	あーわかりました。じゃ、中田さんが今お伝えいただいたことをまとめさせていただくと、中田さんは学習塾の講師を、7年間でしたっけ、
CL	22	ええ。
CC	23	されていて、最近は何かそれ以外の仕事が多くなってきて面白くないな、と、
CL	23	はい。
CC	24	それで、ちょっと転職も考えていらっしゃる、

CL	24	はい。
CC	25	そういうような状況でしょうか？
CL	25	はい。
CC	26	ありがとうございます。じゃあ、中田さんは今、面白くないとおっしゃられたんですけど、その面白くないというところを、もう少し詳しく教えていただいていいですか？
CL	26	んーそうですね、んー。私は、
CC	27	はい。
CL	27	学習塾の講師として、
CC	28	はい。
CL	28	生徒さんにいろいろ教えてあげるのがとても楽しくて、
CC	29	楽しいんですね。
CL	29	それ以前は、普通の会社の、会社員してたんですけど。で、転職しまして、講師業についたんです。で、幸運なことに今の仕事は正社員で雇ってもらえてるんですね。
CC	30	はい、正社員なんですね、今。
CL	30	で、それでいろいろと張り切って頑張ってたんですけど、その、んー、後輩の指導とかが入ってきまして、
CC	31	後輩の指導が。
CL	31	はい、そのへんのところがやはり、あの、生徒さんに

		教えるのとは違うので、ちょっと面白くないなっていう気持ちなのです。
CC	32	はい、まあ、中田さんは生徒さんに教えるのは楽しいけれども、後輩の指導が最近入ってきた。そっちのほうが、なんかちょっと面白くないな、ということなんですかね。
CL	32	はい。
CC	33	その辺りを、もう少し詳しくお聞かせいただいていいですか？
CL	33	そうですね、あの、まぁ、生徒さんに対しては、やはりこう、その方に合った学習方法とか、それに適した教え方をするということで、いろいろなことを注意して教えてあげるのですけど、帰りは喜んで、「先生、ありがとう」と言って帰ってくださるんです。
CC	34	んー、いいですねー。
CL	34	その辺は、とてもやりがいを感じるんですけど、
CC	35	やりがいを感じる、はい。
CL	35	で、後輩の指導については、まあ、指導方法を説明するんですけども、本人たちもそれなりに頑張って、いろんなことを考えてやっているものですから、私の出したアドバイスを素直に聞き入れてもらえないところがありまして、
CC	36	素直に聞き入れてもらえないんですね。
CL	36	その辺で衝突することもあるし、
CC	37	衝突、はい。

CL	37	それから、ちょっと自分自身、自信がなくなる。
CC	38	うーん。
CL	38	今まで、これはこうだって思ってやってきたことを、教えたところを否定されるようなことがあると、なんか自信がなくなってしまって、その辺のところが、面白くないなって…。
CC	39	思われているということですね。いま、衝突とおっしゃられたんですけど、そこで何があったか教えていただけますか？
CL	39	まぁ、あの些細なことではあるんですけどね。
CC	40	些細なことなんですね。
CL	40	喧嘩になった訳ではないんですけどね、
CC	41	そうなんですね。
CL	41	まぁ、私がちょっと、こういう生徒さんには参考書の選び方とか、勉強のやり方とか、こういうふうに注意したほうがいいんですよって説明したところが、彼女のやり方っていうか考え方が違って、
CC	42	違うんですね。
CL	42	この場合はどうしたらいいの、とか、なんか逆にいろんな質問をしてきたりして、ややこしくなってくる、
CC	43	ややこしくなってくる。
CL	43	思い通りに説明、私が教えてあげることができなくなって、そうゆう、そうですね私も黙ってしまったりとか、

CC	44	黙ってしまうこともある。うーん。
CL	44	まぁ衝突といってもね、喧嘩したりはしないですけどね。
CC	45	喧嘩したりはしないけれど、意思疎通ができないって感じですかね。
CL	45	あっ、そうです、そうです。
CC	46	あーそういうような感じですね。わかりました。そうですね、なかなか人に指導するのって難しそうですよね。ところで、中田さんが後輩の指導する仕事が最近増えてきたということなんですけども、これは、いつぐらいからどんなきっかけがあって、みたいな感じなんですか？
CL	46	そうですね、あのまぁ、去年ぐらいから、ちょっとこう、そういうふうにシフトが変わってきて、
CC	47	シフトが去年ぐらいから変わってきた。
CL	47	はい。そういう指導の時間が増えて、塾の生徒さんへの講義時間が減ってきました。
CC	48	はー、それは何か会社から言われたとか、提示があったとか。
CL	48	そういうのを組む人が、そういうふうにしてきたんで、
CC	49	あー。
CL	49	はい。
CC	50	じゃ、会社から説明なしに急になったということですか？

CL	50	そうですね。
CC	51	はー。
CL	51	あなたの時間割ですって渡されたときに、
CC	52	渡されたときに。
CL	52	あれっ指導が入っている、ていうふうな感じ…。
CC	53	それに対しての会社の話はなかったということ？
CL	53	特にはなかったです。
CC	54	あ、そうなんですね。
CL	54	まぁ、正社員で勤めていますので。
CC	55	ああ、そうですね。
CL	55	「はい」って従ったんですけど。
CC	56	従ったけど、何か引っかかってますか？
CL	56	そうですね、まぁ、私も年齢上がってきたんで、会社側としても若い子にそういう講師業をさせたいのかなっていう…。
CC	57	あー若い子にね、させたいのかなって、まぁ、確認はしていないけれども中田さんはそんなふうに感じられているということですね。
CL	57	はい。
CC	58	わかりました。なんか私、ふと思ったんですがね、なんで会社が中田さんに後輩の指導をさせているんで

		しょうね？
CL	58	んー、まぁ7年やっていますしね。
CC	59	他にはありますか？　心当たりとか。
CL	59	んー、いや特にはわからないです。
CC	60	わからないですか。わかりました。ご自身がね、そういうことになったのか、ということを知りたくないですか？
CL	60	はい、そうですね。自分だけで面白くないって、思っているのは変ですよね。
CC	61	いえいえ、変じゃないですよ。面白くないって思われるのは、中田さんのお気持ちなのでね。そこは全然否定もないですし、ご自身で面白くないって思われているのはいいことなんですけれども、何かね、なぜそうなっているのかというところを気にならないのかなって私は感じたんですけど…。
CL	61	気にはなってます…。
CC	62	気にはなっている…けど？
CL	62	確かめてないです。会社のほうには聞いてないです。
CC	63	ええ、いいですよ、いいですよ。わかりました。例えば、なんですけど、中田さんがもし、学習塾の会社を経営している、いまの会社を経営している、例えば社長だったりとか、マネージメントをやっている立場だったとします。
CL	63	はい。
CC	64	そしたら、どんな人にその会社の講師の育成を任せた

		いと思われますか？
CL	64	まぁそれは順繰りに、何年かやった講師に後輩を指導するっていうのが、いいかと思いますね。
CC	65	いいかと思う。他にはありますか？
CL	65	えーそうですね…まぁ、その、んー指導力がある人。
CC	66	指導力がある人。いいですね。他には？
CL	66	他にも？
CC	67	だって大事な自分の会社の社員を育ててもらうんですよ。
CL	67	うんうん。
CC	68	誰でもいい訳ではないですよね、きっと。
CL	68	そうですね。
CC	69	であれば、他に何か考えられることはあります？
CL	69	まぁ、信頼できているような。
CC	70	信頼。いいですね、信頼される方。ということは、今ね私が中田さんの話を聴く限りでは、おそらく中田さんは会社からそういった評価を受けて指導に当たられているんじゃないのかなー、と私は感じたんですけど。
CL	70	えっ、そうですか？
CC	71	私は感じたんですけども。

CL	71	そうなんでしょうか？
CC	72	ただ、中田さんは、今この話を聞いて、どう思われました？
CL	72	私、そんなのに値するようなところはないと思ってたんですけど。
CC	73	けど？
CL	73	やー、そうなんでしょうかねぇ？
CC	74	そうですよね。私が今聞いた限りでは、そう感じたんで、お伝えさせていただいたんですけども。
CL	74	はぁ。
CC	75	気になりますよね、なんか。どう思っているの、とか。
CL	75	そうですね。面白くないっていう気持ちがあって、確かめていない自分が、あれですよね、なんか…会社に確かめればいいのかな？
CC	76	そうですね。今おっしゃっていただいたように、会社に確かめていただくのが、一番なんかすっきりするのかなーと、何となく私は思ったんですけれど。
CL	76	そうですね。面白くないっていう気持ちで悶々としてしまって、そこまで考えが及びませんでした。
CC	77	いえいえ、大丈夫ですよ。じゃあ、何か他に気になることがありますか？
CL	77	そうですね。それ、聞いてみたいと思うんですけど、どんなふうに…。

CC	78	そうですね、聞いたらいいのか。じゃぁ、残りの時間を使ってなんですが、中田さんがご自身でも確かにそれ気になるな、っていうところに気づかれましたので、それを、どうやって会社に確認していくのか、というのを、一緒に作戦というかね、そういったものを2人で練りこんでいくという、そういう時間に残りさせていただいてもいいでしょうか？
CL	78	はい、そうですね。自分だけで面白くないって、思っているのは変ですよね。お願いします。
CC	79	はい、ありがとうございます。

※この事例では目標設定まで行いました。

　それでは「現在の問題」の事例について解説を行っていきます。

　CC1〜CL16 では最初の場面の設定を行っています。CL が安心して話せるようにすることと、緊張が和らぐように配慮して、さらに CC も一緒に CL と共に頑張っていく姿勢を表現しています。

　CC17〜CL21 までは、相談者が相談に来た目的、内容を話しています。その間に CC は適切にあいづち、うなづき、繰り返し、感情の反射等カウンセリング技法を用いて傾聴を行っている様子がわかります。

　CC22 から 1 回目の要約を行っています。前項の事例でも説明しましたが、要約を行う場合に「あれ？　どうだったかな…2 年だっけ？　3年だっけ？」というように、CC の記憶があいまいな場合には必ず CLに確認をしてください。くれぐれも間違ったまま先に進むことはしないようにしましょう。

　CC26 では最初の質問、「ファーストクエスチョン」を「オープンクエスチョン」で行っています。これは CL にたくさん、気持ちよく話してもらうための技法です。さらにこの中に「面白くない」という CL が感情を言葉で表現しているため、ここは必ず繰り返して、忘れずファー

ストクエスチョンに盛り込みましょう。

CL28 では「楽しい」と感情の発言があります。ここはスルーしないで必ず繰り返すようにしましょう。

CL の「面白くない」という気持ちを CC32 でまとめて伝えています。そして CC33 ではさらに深めていくために、オープンクエスチョンで応答しています。

CC39 では、CL36 に「衝突」というとても強い表現の言葉が出てきたため、ここは言語追跡を基本にして、この「衝突」に対するオープンクエスチョンを行っています。

CC45 では CL が明確になっていない想いに対して「意思疎通ができないって感じ」と言い換えを行い、CL45 では同意を得ることができています。

CC46 ではひとまず、CL の思いを受け止めたため、次に展開させることとして、最近増えた講師以外の仕事について、ここでもオープンクエスチョンで応答しています。

CL55 では、CL が何か浮かない感じでいたため、CC56 ではその非言語を聴いて「何かひっかかってますか？」と、次を引き出す質問を行っています。この場合は言葉で「何か違和感ありますか？」という他に、非言語（CC が首を傾げるなど）で行うことでも可能です。

そして、CL56 では思っていることが出てきました。もう少しハッキリと言うと「相談者の思い込み」の部分です。CC57 では「そんなふうに感じてるんですね」とやんわり気づいてもらえるように促しています。

ここからさらに CL に何かに気づいてもらうことを促してもらうように、CC58 では CL に少し考えてもらうための質問を投げかけています。

CL61 では「気にはなっているけど…」というところを引き出し、さらに、CC62 では接続詞を使って「けど？」と繰り返し、質問の形に変化させてその CL の話の続きを引き出すことができている様子がわかります。

　そして、CL62 では会社には確認をしていない、という事実が引き出せました。

　CC63 ではさらに展開するために、「視点の移動」の質問を使っています。視点の移動とは、ほとんど視野狭窄に陥っている CL に対し、CC が別の角度からの質問を投げかけることにより、これまでの自分（CL）では、思いもよらなかったようなことを考えることができる質問の方法となります。そして CC は「他には？」と何度も繰り返し問いかけています。ここは最後のほうになればなるほど、深く考えることにより CL から重要なことを引き出せる場面です。

　CC70 では「アイメッセージ」（Ｉメッセージ）を使って CC が感じたことを CL に伝えています。そして CL は「そうなのかな？」と思い始めました。しかし、それは現時点ではそうなのか、他に何かあるのかはわかりません。その後、CL75 で CL から「会社に確認すればいいのかな」との発言があります。CL76 では、そこまで考えが及ばなかったと CL が気づいた様子があります。

　CC77 では何か聞き漏れがないかの確認を行いましたが、CL77 では「もう早く先に進みたい」という CL の気持ちが表れている様子がわかります。

　そして、CC78 で目標設定を行い、CL78 では CL が知りたいという気持ちがあり、同意を得られていることがわかります。

●まとめ

　「現状の問題」では、何があってそうなっているのか、というところを丁寧に聴いていく必要があります。その上で情報不足や思い込み等について相談者に気づいてもらえるような質問を行うことが有効です。今回の場合であれば「考えてもらうための質問」「視点の移動の質問」が効果的だったのではないでしょうか。

また、よくあるパターンですが最初に CL は転職しようかと言って
いますが、それはまだまだ先の話、というか現時点では転職かどうか
は、まだわからないということになります。本当に転職しようと思っ
ている人は相談には来ず、転職しているはずですね。
　そのため「現状の問題」では、せっかちな CC にありがちですが、
「その会社辞めるの？　どうするの？」といった短絡的な方向には、
決して向かわないように注意しましょう。

(3)「気持ちの整理」の事例

◎　アルバイト先から就職の内定をもらったけれど、このままで本
当によいのか

相談者：山本由紀、22歳。家族：父親（54歳）、母親（47歳）、と
　　　　同居。大学在学中（経営学科　4年生）。相談月　1月。
（相談したいこと）就活が思うように進まず落ち込んでいたときに、
　　　　　　　　　アルバイト先の居酒屋のオーナーから社員に
　　　　　　　　　なってほしいと言われ、そこに就職する予定で
　　　　　　　　　いた。しかし、周囲がほとんど一般企業に進む
　　　　　　　　　ことや、親も心配している様子から、本当にこ
　　　　　　　　　れで良いのかわからなくなってきた。今後自分
　　　　　　　　　はどうしたら良いのか相談したい。

（CC：キャリアコンサルタント　CL：相談者）

CC	1	こんにちは。本日担当させていただきます、私○○と申します。よろしくお願いします。
CL	1	山本です。
CC	2	山本さんですね。お願いします。
CL	2	お願いします。
CC	3	山本さんね、私ちょっと話をしやすいように椅子を動かしても大丈夫ですか？
CL	3	はい。
CC	4	あ、はいすみません。じゃぁちょっとこんな感じで、これぐらいで何かあの、遠いなぁとか近いなぁとか、違和感ってありますか？
CL	4	いいえ、大丈夫です。
CC	5	大丈夫ですか。はい、じゃぁこれでお話をさせていただきますね、
CL	5	はい。
CC	6	はい。じゃぁあの、本題に入る前に3点ほどお伝えしたいことがございますので伝えていきますね。
CL	6	はい。
CC	7	えっと、まず今日なんですけども、あの私どもキャリアコンサルタントには守秘義務というものがありますので、今日山本さんがお話ししていただいたことが、勝手に外に漏れだす、ということは絶対にありませんので、その辺どうぞ安心して話していただければと思います。

CL	7	はい。
CC	8	そして２点目なんですけれども、今日あのお時間○○分という時間をいただいております。で、時計がここにあるんですが、ちょっと一緒に見えるようにしておきますね。見えますか。この時計の時間でいくと、大体○○分ぐらいですかね、お時間とってますので。で、万が一お話が途中で終わってしまったとしても、次回また必ずご予約をいただいて、続きをお聞かせいただきますので、その辺もどうぞご安心ください。
CL	8	はい。
CC	9	では、最後なんですけれども、山本さんが今日この面談終わった後に、どんな気持ちで帰りたいなって思われますか？
CL	9	そうですね、今不安がいっぱいあるので、
CC	10	あー不安がいっぱいなんですね。うんうん。
CL	10	ちょっと少なくなったらいいなーって、うん。
CC	11	不安が少なくなったらいいなぁっていうことですよね。
CL	11	はい。
CC	12	はい、じゃぁ、私も是非そうなっていただけるように今日も頑張ってお話しさせていただきたいと思うんですが、まぁちょっといろいろ質問とかさせていただくんですが、よろしいでしょうか。
CL	12	はい。
CC	13	で、もしお話の中で何かこう、この話をしたくないだとか、ちょっとこれはもうしんどくて辛い、というこ

		とが出てきましたら、すぐに遠慮なくおっしゃってくださいね。
CL	13	はい。
CC	14	では山本さん、今日はどのようなお話でしょうか。
CL	14	えーと私今、大学 4 年生で。
CC	15	4 年生、
CL	15	はい、えと、就職一応決まってるんですけど、
CC	16	一応決まってる。
CL	16	でも、バイト先から社員になるっていう感じで、
CC	17	バイト先の社員に、あー、はいはい。
CL	17	なんかそれでいいかなぁと思って、ちょっとやり直すにしても 1 月だし、
CC	18	あーもう 3 月卒業ですもんね、はい。
CL	18	はい。どうしようかなぁって。
CC	19	あー、わかりました。じゃあ、ちょっと今山本さんの話をまとめさせていただくと、今山本さんは大学 4 年生で就職がバイト先のところから社員になられるということで決まっておられる。けれども、それでいいのかなと思うようになってきた、ということですかね。
CL	19	はい。
CC	20	ありがとうございます。じゃあ山本さん、それでいいのかなってねー、思われてるってことなんですけど、

		その辺をもう少し詳しく教えていただいてもいいですか。
CL	20	はい。えっと、もともと居酒屋でアルバイトをずっとしてて、
CC	21	居酒屋さん。
CL	21	そこで社員になる気はなかったんですけど、
CC	22	うん。
CL	22	でも私の就活があまり上手くいかなくて、
CC	23	あー。
CL	23	で、10月くらいになっても全然決まってなかったので、
CC	24	そうなんですね。
CL	24	そこの社員さんがここでやらないか、みたいなことを言われて、
CC	25	はい。
CL	25	って、なるつもりはなかったんですけど、でも私どこも働くところが決まってないしー、一応社員だし、早く終わりたかったんで、就活を。とりあえず1個決めたかったんで、「はい」って言ったんですけど、
CC	26	はい。
CL	26	でも、みんな周りは4月から新しい場所で新入社員として入るしー、

CC	27	はいはい。うん。
CL	27	親とかも、「それでいいの？」みたいな心配そうな感じなんで。
CC	28	心配されているんですね。
CL	28	心配っていうか多分、
CC	29	はい。
CL	29	せっかく大学出てるのにどこかでちゃんと働かないのか、みたいな感じなんで。私もそういう気持ちがあるので。
CC	30	山本さん自身にもそういった気持ちがあるということですね。
CL	30	はい。
CC	31	今ねー山本さん「ちゃんと働く」っておっしゃったんですけども、ちゃんと働くってどういうことですか。
CL	31	ちゃんと働く…就活して、新入社員で何か入って、
CC	32	うん。
CL	32	多分バイトから、バイトでもできることをこの4月からやっていくのかなあっていうのはありますけど…。
CC	33	バイトでもできることを4月からやっていくのかなあって思っていらっしゃる。ちなみにあの、正社員になられるということなんですけど、その内容とかね、何かどんなことをするとか、そうですね、お給料面であったりとか、お休みであったりとか、そーゆー何か具体的な詳細ってどんな感じですか？

CL	33	詳しくは聞いてないんですけど、ずっと見てきたので、ある程度わかっていることは何かというとチェーン店なので、
CC	34	あーチェーン店なんですね
CL	34	はい、居酒屋のそのお店に1人社員さん、店長で社員さんがいて、あとみんなバイトで、
CC	35	あー、そうなんですね。
CL	35	で、バイトだったらシフトで自分の希望を出したりするんですけど、でも社員さん1人なんで結構夜遅く夜中までいたりとか…。
CC	36	あー。
CL	36	なんかそういうのも、ちょっと嫌だなぁって。
CC	37	あー嫌だなぁって。ということは、あんまりそこで社員として働きたくないなぁって山本さんは思ってらっしゃる？
CL	37	はい。
CC	38	あーそうなんですね。その嫌だなぁって思う理由をもう少し教えてもらえますか。
CL	38	はい。もともとまず10月になるまで、「もう人が足りないから社員になれば？」と冗談みたいな感じで言われていて、
CC	39	あー。
CL	39	その時は、ほんとに一切そういう気持ちはなくて、いいですいいですと言ってたんですが、その理由がすご

		い遅くまでする（夜中まで）っていうこともあるし、一応、長いことやっているけど、まぁただ慣れてるから新しいバイトするより楽だし。
CC	40	うん。
CL	40	そういうのでやってただけなので、やりがいとかちゃんと見つけてやってた訳でもないし。
CC	41	そうなんですね。まぁただちょっとアレですよね、詳細をまだ何も聞いていないっていうところね、もしかすると何か聞くことによって、こんなところもあるんだっていう発見もあるかもしれないですけどね。
CL	41	うん。（CLうつむき加減で暗い顔つき）
CC	42	でもあんまり、そうとも思えなさそう？
CL	42	そうですね。そんなにやりたいことでもないけど…。
CC	43	けど？
CL	43	自分のやりたいことがわからないので…。
CC	44	わからないんですね。
CL	44	うん。
CC	45	それで今どうしようかなぁっていう感じでいらっしゃるんですね。
CL	45	（無言でうなづく）
CC	46	あの山本さんちょっと想像してみてもらいたいんですけど、もしこのまま居酒屋さんで正社員として就職をして4月から社員として働きだしたとするならば、どうなってると思います？

CL	46	多分毎日疲れていそうです。
CC	47	あー毎日疲れている。えっと何か疲れてる、具体的にどんな感じですか？
CL	47	ほんとに夜中まで働いている感じがその社員さん見ててもするので、シフト見ててもお休みないし、あったとしても誰かバイトの子が休みだったら自分が出ないといけないし、
CC	48	あー。
CL	48	で、あの全国にあるので、どこに行くかもわからないし、
CC	49	あーそっか。
CL	49	あんまりいいイメージはないって。
CC	50	いいイメージはない。
CL	50	はい。
CC	51	じゃぁ一方で逆にね、じゃぁもし今もうその居酒屋さんの正社員はお断りしますと、どうなると思います？
CL	51	そうなんですよねー。働くところが今決まってないから、
CC	52	うん。
CL	52	どうなってるんでしょうねぇ。
CC	53	うん。

CL	53	働くところが決まったら働けるけど、なかったらバイト続けてるかもしれないです。
CC	54	今のバイトを続けるかもしれない。
CL	54	続けて、新しい仕事を探したいです。
CC	55	仕事を探したい。今、山本さんのお話を伺って私が感じたことがあるんですけどお伝えしていいですか？
CL	55	はい。
CC	56	あの山本さんは、なんか今もうそのバイト先で正社員としては、もうちょっとやっていくとしんどくて、もし他に仕事が見つからなかったらそこでやりながら仕事を見つけようかなぁって思ってらっしゃる。
CL	56	そうですねー。見つけたら新しい仕事をしたいけど、見つかるかどうかわからない。でも仕事ゼロっていうのはダメなんで。
CC	57	仕事ゼロはダメなんですか。
CL	57	お金とか稼がないといけないし。
CC	58	お金を稼がないといけない。
CL	58	何か仕事やってるほうが、いいなって思ったらそれ、今のバイト続けながら探すのはいいかなぁって思います。
CC	59	うん。ということは山本さんの中でも、何がしたいかわからないけれども、働きたいと思っていらっしゃる。
CL	59	そうですねー、働かないといけないです。

CC	60	働かないといけない、働かないといけないんですか？
CL	60	はい。働かないと生活していけない、奨学金もあるし。
CC	61	あー奨学金があるんですね。うんうん。じゃあそれを返していかないといけない。大事なことですよね。
CL	61	はい。
CC	62	じゃぁそうですね、やっぱり山本さんの中ではしっかりと、働くということに関しては何かしないといけない、なんだけれども自分に何ができて何が良いかはちょっと、なんかわからないかな、というそんな感じですかね。
CL	62	はい。
CC	63	あー、はい、わかりました。ということはねー、じゃぁやっぱりアレですよね、今もう1月ですもんね、どうですか大学の求人とかね、見に行ったことあります？
CL	63	大学の求人？
CC	64	求人というか大学のキャリアセンターとか、年明けになってもね何かこう、就職先であったりとか、そういったところを紹介してくれそうな、そんな内容って今どんな感じですか？
CL	64	ちょっと行ったことないんで。
CC	65	行ったことがないんですね。そうなんですね。じゃあ、これまでの就職活動はどんなことされてました？
CL	65	なんかもうあのー、サイトあるじゃないですか。それでパッと見て、ボタンを押して、

CC	66	うん。
CL	66	とりあえず行ってみて、
CC	67	あー。
CL	67	ちょっと、ほんとに何がしたいかわからないんで、
CC	68	あー。
CL	68	いろいろ、適当にやってたんですけど。
CC	69	あー、なるほど、じゃぁ何かこうネットで探してご自身でここら辺どうかなって思いながら、まだ書類選考とかもご自身で全部作成されて、誰かに見てもらったりとかっていうのは？
CL	69	いえ、全然。
CC	70	それでまぁなんか上手くいかないなぁっ、ていうところでバイト先から声をかけてもらってみたいな、そんな感じですかね。
CL	70	はい。
CC	71	そうだったんですね。あの大学のキャリアセンターっていうところがあるんですけどね、そこは就職に関してもいろんな情報くれたりとか、あとまぁ書類の書き方の指導とか面接の練習とか、そういったそういうことをしてもらえるところなんですけど、なんかそういうところに行くのは抵抗ありますか？
CL	71	そうですね。あんまりそういうところ行ったことないし、今1月なんで、
CC	72	うん。

CL	72	3年生の子たち向けにいろいろ、
CC	73	あー。
CL	73	やってる気がしてそうですよね。
CC	74	あの、確かにおっしゃるように今1月なので、3年生向けのものをやっているかと思いますが、ただ当然、今の時期でもまだ内定決まっていない方っていうのはいらっしゃると思うので、そういう方向けの個人面談とか就職先を紹介してくれるとか、そういうことはやっていると思うんですけども。なんかそういうところどうですか、今聞いてみて。
CL	74	えー。4年生で今決まってないですって、すごい言いにくいです。
CC	75	あー言いにくい。なるほど言いにくいですよね。そうですね、じゃぁそれ行かなくてもいいんですけど、行かないとどうなると思います？
CL	75	行かないと今のまま。ですねー。
CC	76	でも行くのはあんまりって感じなんですよね。
CL	76	はい。まぁ行ってみても…（再び暗い表情に）。
CC	77	そうですね。わかりました。あのーまずそうですね、そしたら、残りの時間使ってね、やっていきたいなって思うことがあるんですけど、まぁ当然そのキャリアセンターを活用するっていうのも1つなんですけど、まず山本さんが今何がやりたいかわからないとおっしゃっていて、多分何に向いているかっていうところもあんまりわからない、ですよね。
CL	77	はい。

CC	78	でしたら、まずは私と一緒にその辺をちょっといろいろ分析していきましょうか。
CL	78	はい。
CC	79	ねー。そうですよね。で、ご自身が何に向いているかとかね、さっき夜遅いのがちょっと嫌だなぁとかおっしゃってたので。ご自身がやりたくないこと、やりたくないことはやらないほうがいいと思うので、そういったことも含めて残りの時間を使って山本さんが、その今ほんとに何に向いてて何ができるのか、そしてそこからご自身のやりたいっていうことが見つかるとすごくいいなと思うんですけども。
CL	79	はい。
CC	80	そういった形で進めていくというのはいかがでしょうか？
CL	80	はい。何か自分のやりたいことを知りたいなぁって思います（表情が明るくなり、前向きな発言が出た）。
CC	81	あ、「知りたい」いいですね。はいわかりました。じゃあちょっと知れるように、今からあのー、ね、残り時間使ってやっていきましょう
CL	81	はい。
CC	82	ありがとうございます。
CL	82	ありがとうございます。

※この事例では目標設定まで行いました。

それでは「気持ちの整理」の事例について解説を行っていきます。
CC1〜CL13では最初の場面の設定を行っています。CLが安心して話

していただけるようにすることと、緊張を和らげるように配慮して、さらに CC も一緒に CL と共に頑張っていく姿勢を表現しています。

CC14〜CL18 までは、相談者が相談に来た目的、内容を話しています。その間に CC は適切にあいづち、うなづき、繰り返し、感情の反射等カウンセリング技法を用いて傾聴を行っている様子がわかります。

CC19 から 1 回目の要約を行っています。前述のように、要約を行う場合に「あれ？　どうだったかな…2 年だっけ？　3 年だっけ？」というように、CC の記憶があいまいな場合には、必ず CL に確認をしてください。くれぐれも間違ったまま先に進むことはしないようにしましょう。

CC20 では最初の質問、「ファーストクエスチョン」を「オープンクエスチョン」で行っています。これは CL にたくさん気持ちよく話してもらうための技法です。さらに、この中に「それでいいのかな」という言葉で CL が感情を表現しているため、ここは必ず繰り返して忘れずにファーストクエスチョンに盛り込みましょう。

これまでの就職活動の経緯を語ってもらい、その中でも特徴的な発言がありました。それは「ちゃんと働く」というキーワードです。そのため CC31 ではここを受け止め繰り返して、オープンクエスチョンで応答しています。

CL32 では「バイトでもできること」と CL の今の気持ちが出てきましたね。そして CC33 ではその就職先についてどれくらい CL が理解しているかを知るための質問をしています。

すると CL36 では「嫌だ」という気持ちが出てきました。そのためここはスルーせずに必ず一旦受け止めて、繰り返して CC38 でその内容について質問しています。

CC41 では、この時点での見立てとして、もしかすると何か情報不足などがあり、会社のことを理解していないのでは、という思いからこの質問を投げかけています。

　そして、とても重要なCL41です。非言語を聴くと明らかにCLは
この会社に対して良く思っていないような雰囲気がします。そのため
CC42ではCLに寄り添う形で問いかけています。するとCLの「やり
たいことがわからない」と新たな気持ちが出てきました。

　一旦、新たな気持ちが出た上でCC46とCC51でそこを深めていくた
めに、「未来を想像」してもらう質問をしました。するとCLから仕事
がなければ今のバイトを続けるという発言が出ています。

　CC55では「アイメッセージ」（Ｉメッセージ）を使ってCCが感じた
ことを伝えています。そうすることにより新たな展開を見出しています。

　そして、CL59でCLは「働かないといけない」と言い、CC60ではそ
のように思う理由について確認している様子があります。つまり、CC
が、働くことを当たり前という主観は持たずに、ニュートラルな気持ち
を持ち続けることで、新たな発見ができます。

　そして、CC62で少しこれまでの話をまとめて伝えています。

　次に、CC63では最近の就活についてのことを質問しています。する
と、キャリアセンターは利用したことがなく、行くのも嫌な様子がよく
わかります。これまでの就活の方法も話しており、再度「何がしたいか
わからない」と繰り返し訴えている様子がわかります。

　CC75では、また未来を想像してもらう質問を投げかけました。する
と、ここも非言語が非常に重要な部分で、CL76では再び暗い表情を見
せています。

　そこで、CC77以降ではキャリアセンターへ出向くことは一旦横に置
いて、今すぐに取り組めるようなスモールステップの提案を行っていま
す。基本的に相談者が「嫌だ」と感じていることに対して「そんなこと
言わないで頑張りましょう」と勧めると、たいてい上手くいきません。
あくまでも「自分中心」ではなく、「来談者中心」です。

　CC79で「夜遅いのがちょっと嫌だ」と言っていたことを繰り返し伝
えて、「やりたくないことはやらないほうがよい」とCLの気持ちを認

める発言を行っており、より信頼感が増していきます。

　その結果、CL80では表情も明るくなり、前向きな発言を引き出せている様子がわかります。CCからの目標設定に対して同意を得られた瞬間ですね。

●まとめ

　「気持ちの整理」では主に感情に焦点を当てて、気持ちの整理をサポートしていく必要があります。今回は「未来を想像してもらう」という観点からの質問を取り入れました。この場合は焦らず、じっくりと相談者の「気持ち」を重視して取り組みましょう。

第 8 章

合格した後のために

できる準備

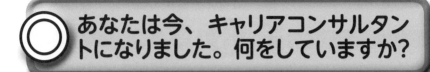

あなたは今、キャリアコンサルタントになりました。何をしていますか?

(1) キャリアコンサルタント自身がキャリアデザインを行うことの大切さ

　キャリアコンサルタントは相談者のキャリアデザインをサポートする役目を担っています。この「キャリアデザイン」とは、どんなことか。簡単にひと言で表すと「自身の職業人生の設計を自ら行う」ということです。そこには自身の経験やスキル、性格、ライフスタイルなどを考え、さらに現在の労働市場を把握することも必要になります。仕事を通して将来のなりたい自分をどのようにして実現していくのか、そこを明確にしていくことがキャリアデザインであるといえます。

◎　将来自身がどうなりたいのか?

　具体的にキャリアデザインを考えるとき、どうすればよいのでしょうか?　まずは自身が将来どうなりたいのかを考えるところから開始します。例えば「今から1年後の自分はどうなっているか?」、さらに5年後、10年後についても考えてみてください。仕事とプライベートを分けることなく、自由に考えてみてください。それを紙に書き出して具体的にすることも有効です。

　「5年後に結婚して、子供が1人いて、○○に住んでいて」とか「1年後には目指している資格を取得して、それを活かして5年後には…」という感じで、ときには「3年後には尊敬する○○さんみたいになっていたい」というようにお手本となる人を登場させるのも良いです。

　「将来何がやりたいかなんて全然浮かんでこない」という場合は、逆

の考え方で「なりたくない将来の自分」を想像してみることをおすすめします。そうならないために今どうしていくのか？を真剣に考える機会になるはずです。

　5年後や10年後がある程度想像できたら、「5年後の自分は今の自分に対して何をアドバイスするか？」と問いかけることで、これから将来のやりたいことを実現するために、今から何をするのかというところが見えてくるはずです。

（2）資格取得はただの通過点

◎　なりたい自分になった後のことを考えてみる

　私が主催しているキャリアコンサルタント資格取得を目指す合格講座の受講生のみなさんに、私はよく、「あなたは今、キャリアコンサルタントになりました。何をしていますか？」という質問を、講座の最初の段階で行います。すると、その答えの傾向はだいたい2パターンに分かれます。

　まず1つ目は、はっきりと明確に何をしているかを答えるパターンです。

　「今の会社の人事にはもう話しているんですが、将来的に○○」とか「これまで企業に対してコンサルを行っていたので、それを今回の資格取得でパワーアップさせたい」とか、とても具体的に、楽しそうに熱意を持って語ってくれることが多いです。

　そして2つ目は、まったく資格取得後の自分を想像したことがなく、また想像できない、と答えるパターンです。

　「え？　まったく考えていません」「これまで通りの仕事をやるだけです」等の答えが多いです。中には「私なんか経験もないし、何ができるんでしょうか…」「正社員になりたい」というような、キャリアコンサルタントとは少し遠いような回答もあります。

この両者の違いは何でしょうか？　その違いは、前者は「資格取得は通過点」と理解していて、後者は「資格取得がゴール」になっている、という点にあります。どちらの回答も正しいと思います。ただ、後者の人たちを見ていて私が感じることは、資格を取得してから立ち止まってしまう人が多いということです。

　「資格を取ったけれど、これからどうしようか…」ということです。せっかく頑張って貴重な時間とお金をかけて取得した資格なのに、まったく活かせていない状態の人もいます。もちろん資格を取得してから今後のことを考えてみても良いのですが、もしよければ、一度、資格取得前に「あなたは今、キャリアコンサルタントになりました。何をしていますか？」について考えてみてはいかがでしょうか。

　私は資格取得前に、同じように「あなたは今、キャリアコンサルタントになりました。何をしていますか？」と自分自身に問いかけることが多くありました。具体的に私が考えていた内容をお伝えする前に、私がこの資格を目指した経緯について、まずお話しします。

　資格取得前の私は、今考えても恐ろしい程に人の話を聴かず、話を途中で切ってしまうか、その人の話を取り上げて自身の話をするような、とんでもない人間でした。そのため、コミュニケーションスキルを知らなかった当時、企業の正社員として、職業訓練校の講師をする際などは、受講者からとても嫌われていたと感じています。そりゃそうですよね。人の話を聴かないで「ああしたほうがいい」「こうしたほうがいい」と偉そうに言うのですから、言われるほうは気分が良くないはずです。

　このようなことを繰り返し、「なぜ仕事が上手くいかないのか」と悩んでいました。よく考えると「自分に問題があるんだろうな」ということに薄々気づき始めてはいました。しかし、それを改善する方法がわからなかったのです。

　そのため、まずは「コミュニケーションスキル」についてどのような

ものがあるのか調べた結果、コーチング、メンター、キャリアコンサルティングなどがヒットし、これらを体系的に学び始めました。すると、これまでの人間関係に良い変化が現れ、徐々に改善され始めました。「このような素晴らしいスキルを世間に広めたい」という私の些細な気持ちから、キャリアコンサルタントとして活動するための行動をスタートしました。

　そして、資格取得前に私が行った具体的なワークとしては、「自分が思っていることをすべて紙に書き出す」ことを行いました。それは次のようなことでした。

◆キャリアコンサルタント試験の合格希望者の役に立つようなことをしたいので、その情報発信

◆情報発信のためのツールは何があるかな？

◆最初はＳＮＳで発信するからそのＳＮＳの使い方を知る（Facebook、Facebook ページ、Facebook 広告、アメブロ、ライン＠、ホームページ、メール講座）

◆じゃあ写真も必要になる。その写真はどこで撮影しようかな？

◆合格講座をやろうと思うけどそのメニューが必要。金額とメニューの設定

◆合格講座の場所はどこにしようかな？　高級カフェ？　貸会議室？

◆周知活動のためにお金をかけて宣伝する方法は何があるかな？

◆お金をかけて宣伝するのに補助金があるみたい。それに応募しよう。

　このように、ほんの一部ですが紙に書き出して、絵を書いてみたり図にしたりして、どんどんとイメージを膨らませていきました。そして、当時の私はまだ資格を持っていなかったにもかかわらず、まるで有資格者が取り組んでいるようなことをあれこれ考え、実行に移していきました。

現在は、上記のことはもちろん、自身が思い描いたことが現実となっています。まだまだ発展途上にありますが、これからも、もっともっと自分が描くイメージを紙に書き出して、どんどん実現していこうと考えています。

　では、改めてお聴きしますね。

　「あなたは今、キャリアコンサルタントになりました。何をしていますか？」

(3) 未来の相談者を想像してみる

　「ペルソナ」というマーケティング用語を使って考えてみていただきたいと思います。まず「ペルソナ」とは何か、ということを説明します。「ペルソナ」とはマーケティング用語ではユーザー像のことをいいます。簡単にいうと、未来の相談者像をイメージしてみる、ということになります。

　もしキャリアコンサルタントになった場合、相談業務を行うことになるかと思います。そのときにどんな人に対してどのような相談業務を行っている自分がいるか、を考えてみるということです。

　まずはターゲット層についてです。今回は20代、大学生というターゲットを設定します。

　次の質問に答えてください。あなたの未来の相談者が浮かびあがってきますよ。コツとしては実際にその人が実在しているかのように考え、想像してみることです。

その相談者は…

何歳くらいですか？

女性、男性、どちらですか？

どこに住んでいますか？

家族構成は？

独り暮らし？ または家族で同居？

職業は何でしょうか？

正社員？ パート？

年収はどれくらいでしょうか？

趣味は何でしょうか？

得意なことは何でしょうか？

休みの日は何をして過ごしていますか？

その人が一番大切にしているもの（価値観）は何でしょうか？

その人の1日のスケジュールはどんな感じでしょうか？

では、実際に私が考えたペルソナ「佐藤さん」についてご覧ください。

・何歳くらいですか？

　　⇨ 22歳〜24歳

・女性、男性、どちらですか？

　　⇨ どちらもいるが、今回は男性

・どこに住んでいますか？

　　⇨ 大阪府下

・家族構成は？

　　⇨ 父、母、3人兄弟の真ん中

・独り暮らし？ または家族で同居？

　　⇨ 家族全員で同居

・職業は何でしょうか？

  ⇨大学生

・正社員？　パート？

  ⇨飲食店でアルバイト2年目

・年収はどれくらいでしょうか？

  ⇨ 150万円程度

・趣味は何でしょうか？

  ⇨キャンプ、釣り

・得意なことは何でしょうか？

  ⇨誰とでもすぐ仲良くなれること

・休みの日は何をして過ごしていますか？

  ⇨大学の友人とドライブで趣味のキャンプや釣りを楽しんでいる

・その人が一番大切にしているもの（価値観）は何でしょうか？

  ⇨今がとても楽しいことが重要

・その人の1日のスケジュールはどんな感じでしょうか？

  ⇨　8時　　起床

     10時　　学校へ

     12時　　昼ごはん学食にて

     13時〜　大学で授業

     18時〜　飲食店でアルバイト（まかない付）

     23時　　アルバイト終了帰宅

　いかがでしょうか。「佐藤さん」は私が勝手に作り上げた人物像ですが、実際にいてもおかしくない大学生の様子になっていると思います。

　ということで、この「佐藤さん」に対してキャリアコンサルタントとしてどのような相談業務を行うのか、ということが見えてきます。

　では、考えてみましょう。大学生に対するキャリアコンサルタントとしてのサポート業務というと、「就活」についてのことが容易に想像で

きます。その就活のサポートを行うキャリアコンサルタントは、どこでどのように活動しているでしょうか？　最初に浮かんでくるのは「大学のキャリアセンター」ではないでしょうか。他に大学の事務手続の受付や就活専門のいわゆる民間の就活塾、ハローワークなどがあります。例えば大学のキャリアセンターで仕事をしようと思えば、どのようにすれば働くことができそうでしょうか？　大学が募集している求人を見たり、インターネット上でそのような募集を探してみたり、他に派遣などで大学のキャリアセンターと強い結びつきのある人材派遣会社に登録を行うことも有効ですね。

　このように、ある程度ターゲットを絞ってからペルソナの設定を行うと、自身が未来にどのような相談業務を行っているかが「見える化」されます。

　このように未来の自分を想像してみてください。そうすれば、資格取得前の今、自分が何をすればよいのかが、より明確になってくるかと思います。勘の良い人はもうお気づきかと思いますが、これを行ってみることにより、最初に私がお伝えした「資格取得はただの通過点」ということの意味が、ありありと想像できるのではないでしょうか。

(4) キャリアコンサルタントとしての自身の専門分野

　次に、キャリアコンサルタントとしての専門分野についてです。未経験の人であれば、最初はいろいろなキャリアコンサルタント業務の経験を積むのも良いかと思います。それから、自身がやりたい、続けていきたいと感じる業務を選択することが最良の方法ではないかと考えます。

　人材派遣会社、需給調整機関（ハローワーク、地域サポートステーション等）、教育機関（大学、専門学校、高校等）、社会保険労務士とのダブルライセンス（助成金の活用や顧問先の従業員のキャリア相談）、

独立（フリーランス）などがあるかと思います。

　若い人を中心に応援したいということであれば大学等での勤務が良いと思います。他に民間の就活塾の講師もありますね。また、地域サポートステーション、ハローワークなどもあります。

　人材派遣会社は相談業務も重要ですが、主にマッチング（企業と人材を結びつける）が必要となるため、ときにはノルマなど数字を追いかけることもあります。そうしたことが好きで、達成感を感じる人に向いているのではないでしょうか。

　社会保険労務士がキャリアコンサルタント資格を取得することはとても多いです。助成金を使ったキャリアコンサルティングは、件数が多い場合は１人での対応が難しくなってくるため、外注先としてキャリアコンサルタントを活用することも多いようです。社会保険労務士自身が資格を保有していると、いざというときには自分がキャリアコンサルタントとして動くことも可能です。何よりキャリアコンサルタントの気持ちも理解することができ、スムーズに仕事を行うことができると感じます。

　そして独立やフリーランスなどについてですが、私もこの部類に入ります。私の場合は「講師」がキーワードになります。後ほど詳しく話していきますね。

　このように、自身の専門分野についてどのように活動したいかを考えながらキャリアコンサルタント資格を目指し、計画を立ててみることは結構楽しいですよ。時間があれば一度取り組んで、自分の将来について考えてみてくださいね。

（5）キャリアコンサルタント資格で独立、起業は可能か

①　どんな資格でも取得しただけでは仕事はこない

　私自身がキャリアコンサルタントで独立しようと決断してから、実際

にやることなどをいろいろと考えていくと、とても重要なことに気づきました。それは、<u>どうやって私自身「津田裕子」のことを世間に知ってもらうか</u>、ということです。

当然、待っているだけでは誰も私のことなど気づいてくれません。

私はキャリアコンサルタントになりたいと思っている人をサポートしたいと考えていたため、まずはその実績を作ることが必要だと考えました。

そのため、最初に私の周りでキャリアコンサルタント資格を取得したいけれども惜しくも不合格が続いている人に協力してもらいました。数名に、私が考えたキャリアコンサルタントに合格するためのメニューを受講していただき、試験に臨んでもらいました。すると、その方々が次々と合格していきましたので、合格者に感想を手書きで書いてもらい、それをSNSに掲載しました。当時は、事務所はまだ借りていなかったため、カフェや貸会議室などで対応していました。

その様子を撮影し、詳細をFacebook、アメブロなどに積極的にアップしていきました。すると、少しずつですが、私のことを知った人がSNSを通じて合格講座へ申し込んでくれるなど、嬉しい変化が起きました。

また、SNSの使い方に関して、当時何も知らなかった私は使い方から勉強して、どのようにすれば効果的に宣伝ができるのかを研究しました。

②　プロモーション、ブランディング、マーケティング

ここからは少しキャリアコンサルタントとは離れた話になりますが、将来キャリアコンサルタントとして独立を目指されている人のお役に立てばと思います。

資格を取得したあとは、自身の存在を周囲の必要な人に知ってもらう必要があります。それには、「プロモーション、ブランディング、マー

ケティング」などの知識が必要です。私はこれらの専門家ではないため、誰かに頼むか、自身で勉強をする必要がありました。これらを本人が勉強して時間をかけて自分で行う人もいますが、私はできるだけ自分自身のキャリアコンサルタントとしての活動に時間を割きたかったため、自分では少しだけ概要を学び、具体的なことはお金を払ってその専門家に任せました。

　SNS に関しては既にやり方を学んで発信していたため、次のステップとして自社サイト、いわゆるホームページの作成に取りかかりました。当時の私はこれらに関して何の知識も持っていなかったため、「SNS があるからホームページなんて不要」と思っていました。そもそも自社サイトを作るのは結構なお金がかかります。同じようなアメブロで代用できるのでは？　と考えていました。しかし、専門家は SNS と自社サイトではまったく違う性質があるということを私に説明しました。

　自社サイトを作るためには、プロのカメラマンによる写真撮影（実際に講習を行っている場面）やコピーライターの取材を受けてホームページに掲載するキャッチコピーの考案、デザイナーによる自社サイトの構成、雰囲気づくり等々、多数のプロに関わってもらい、打合せを重ねて希望する素敵な自社サイト（キャリコンシーオー　http://caricon.co/）が完成しました。

　そして、作成した自社サイトは運営していく必要があります。ブログの更新、プレスリリースや写真の掲載など、やればやるほどユーザーに自社サイトを見てもらえる回数が増えます。また、自社サイトは常に見直しが必要ということも実感しました。1 回作ったら終わり、と考えていたのですが、そうではなくて自身の変化に伴いサイトも同時に見直し、変化が必要ということになります。

　そしてさらに、合格動画「ツダチャンネル」も開始しました。これは YouTube を使った合格動画です。キャリアコンサルタントに合格したいと思っている人に見てもらうための動画です。1 本 5 分程度で、合格

のためのテクニックや解説などが盛り込まれていて、すべて無料で見ることが可能です。現在はチャンネル登録者数も、動画数も順調に増えています。「ツダチャンネルのおかげで合格できました！」など、嬉しい連絡も多数頂戴しています。

　このように、資格を取得しただけでは仕事が入ってくる訳ではない、ということを踏まえてさまざまな活動を実践しています。

（6）独立、起業したときに必要なこと

◎　会社を興すか、個人か、副業か

　さて、私は独立当初は個人で開業し、そのまま数年間活動していました。

　しかし、段々といろいろな「サイズ」が合わなくなってきました。それはどういうことかというと、

◆会社の住所が自宅の住所って…。名刺に載せることに抵抗があるな

◆メールアドレスがフリーメールアドレスって信用度はどうなのかな？　やはり専用ドメインを取得する必要があるかな

◆自宅だと仕事がはかどらない。やっぱり自宅とは別の仕事場って必要だな

◆個人の携帯電話番号をあちらこちらに掲載するのは抵抗があるな

というように、今後の展開やこれからやろうと思っていることに対して、変化する必要があったということです。

　そうしたことから、私の場合は、同時期に株式会社を設立した夫の会社の取締役に就任、キャリアコンサルティング事業部の責任者として現在に至ります。

　改めて考えてみると、会社にするメリットはたくさんあります。まず

周囲からの信用度が違う、ということが大きいです。会社設立は大変そうだなと思いますが、今は株式会社に限らず、合同会社など比較的費用を抑えて株式会社と同様の節税ができる様々な選択肢があります。

　また、個人での開業や、副業として業務を行うことも可能です。例えば、私が個人で開業していた際は、非常勤講師として請負の契約をする場合や、同じように非常勤でも契約社員やパートなどとして雇用される場合もありました。会社としてからは、法人契約として契約を交わすことがほとんどです。

　今はまだ少ないかもしれませんが、副業を認める会社も徐々に増えてきています。私も正社員の頃に、副業を認めている会社で勤務しながら土日や平日の夜に、月に数回は講師として活動することもありました。

　このように、私の場合はいきなりフリーで開始ということはせず、徐々に独立していったという感じです。

　もし、本書を読んでいる人で「将来はキャリアコンサルタントとして独立したい」と考えている人は、まずは今働いて収入を得ていることを軸として、何かキャリアコンサルタントとしての活動（有給、無給問わず）ができないか考えてみてください。

　そうすることによって、心理的、金銭的負担を軽くしながら自身の将来を考えて行動することが容易にできるようになります。

(7) 独立、起業したときどんな仕事があるのか

①　できる限り登録をする

　キャリアコンサルタントとして独立、起業した場合に、どんな仕事があるかを紹介していきます。

　独立・起業の際に、私がキャリアコンサルタント合格講座の開講と並行して最初に行ったことは、人材派遣会社や研修講師への登録でした。

　人材派遣会社には、キャリアコンサルタント有資格者の登録を求めて

いるところもあります。大学の受付やキャリアセンターなどでの勤務が主です。

　次に研修講師の登録も有効です。こうしたところは講師の他に司会などの仕事の依頼が来ることもあります。

　併せて、後述する「キャリコンサーチ」等への登録も行います。

　また、雇用されるという考え方も有効です。独立したからといって「雇用されるのはダメ」ということはないため、最初に何も仕事がない場合は、例えば週2〜3回はキャリア関連の非常勤講師として勤務しながら、他の空いている日にキャリアコンサルタントの業務を行い、自身の希望する仕事の比重を増やしていくなど、働き方にはさまざまな選択肢があります。

②　他の士業や企業との連携

　独立して仕事がだんだんと軌道に乗ってくると、さまざまな依頼が来るようになります。私は助成金を使ったキャリアコンサルティングの依頼を、複数の社会保険労務士事務所から数多くいただきました。ジョブカードを使って一般企業の従業員へキャリアコンサルティングを行うという内容です。

　キャリアコンサルティング自体はおよそ1回1時間程度で、金額や交通費などの提示があり、こちらがそれでOKであれば、実際に相談業務を行う企業側の都合と私の都合をすり合わせて、決められた日時にその企業に伺いキャリアコンサルティングを行います。ジョブカードにはキャリアコンサルタントのコメント記入欄があるため、その内容を記載して終了となります。

　また、直接企業からの依頼を頂戴することもあります。それは上記のような助成金を活用したキャリアコンサルティングであったり、人事部への講習、人材派遣会社の自社の社員教育のための講習など、その内容はさまざまです。

他には、キャリアコンサルタント養成講習を開講している企業からの講師依頼もありました。

このようにいろいろと活動していると名刺交換をさせていただく機会も増え、直接お仕事のお声かけをいただくという嬉しいことも多々あります。

③ キャリコンサーチへの登録
キャリアコンサルタントを探している人に有効なサイトが、「キャリコンサーチ」です。

〈キャリコンサーチ〉
https://careerconsultant.mhlw.go.jp/search/Matching/CareerSearchPage

キャリコンサーチには、日本全国のキャリアコンサルタントが登録しています（掲載は任意で、国家資格キャリアコンサルタントに登録すると掲載できます）。

一度ご覧いただけるとわかりますが、キャリアコンサルタントの氏名、対応地域、得意分野、これまでの経歴等が掲載されています。ここでキャリアコンサルタントを探している人がそれぞれの条件に合ったキャリアコンサルタントに連絡を取り、主に仕事の依頼に関するやりとりを行います。

私は、一度ある企業から求人について相談を受けた際に、このサイトを通じて人材を確保できたこともあります。その企業はハローワークなどに求人依頼をかけても一向に応募がなく、有料の求人サイトは金額が高いため予算が合わないと悩んでいました。話を聴くと「講師経験のある人」という条件つきだったのですが、「それならキャリアコンサル

タントの中から探してみてはどうですか？」と提案しました。

　キャリコンサーチには、

「対応可能業務から探す」

「対応可能領域から探す」

「得意分野から探す」

「所持資格等から探す」

「個別相談の方法から探す」

といった便利な検索機能が盛り込まれているため、ダイレクトに希望する条件の人を探すことが可能です。

　このように、このサイトに自身を登録しておくと問合せにつながります。私もこれまで問合せを複数頂戴しています。一番多いのは助成金を使ったキャリアコンサルティングの依頼です。これは上記のサイトからはもちろん、Facebook などのＳＮＳ経由でも依頼がありました。職業訓練校からの就職サポートへの勤務依頼や、さきほど紹介したように企業から直接仕事の依頼を頂戴することもあります。

(8) 私が「講師」を選んだワケ（キャリアコンサルタント更新講習の開講）

①　講師歴を活かしたキャリアコンサルタントとしての活動

　私はこれまでの仕事経験の中で講師歴が結構長いです。10 年程度の経歴があります。そのため「講師」を軸にキャリアコンサルタントとしての活動を開始しました。

　キャリアコンサルタント合格講座の受講生で、フリーで独立して研修講師をしている人がいました。現在はキャリアコンサルタント資格を取得して、さらにパワーアップして仕事の幅を広げ活躍しています。

　これまでの私の講師としてのキャリアコンサルタント業務を紹介していきます。まず、私がキャリアコンサルタントになる前からやろうと

考えていた「キャリアコンサルタント合格講座」、そして求職者支援訓練の「職業訓練校」、高校生・専門学校生・大学生などの「学生への就職支援」、その他に「企業内での研修」、厚生労働大臣指定機関として「キャリアコンサルタント更新講習」の開講などがあります。

　私の場合は、講師とキャリアコンサルタントを組み合わせることにより、どんどんと仕事を発展させていきました。次にひとつずつ詳しく紹介していきますね。

②　キャリアコンサルタント合格講座

　これは「キャリアコンサルタントになりたい」「キャリアコンサルティング技能士になりたい」という人へ向けた合格講座です。特に両方の「実技試験（論述＆面接）」に特化した講座を用意しています。記述式の論述とロールプレイを強化する講座内容です。

　それぞれの合否発表のあとに問合せが多くなります。惜しくも不合格になった人が次回どうやって合格しようかと、「無料相談会」に申込みをされます。その無料相談会で、試験結果が記載されている通知書を拝見しながら、次回合格に向けて、その人のためだけの合格までの計画を受験者と一緒に考えていきます。

　合格できない理由は人それぞれですが、実技面接に何か問題がある人については、一度ロールプレイを拝見するとその人に何を足せば合格できるかを判断することができるため、講座内ではその内容をお伝えしています。また、合格へのプロセスは1つではなく、キャリアコンサルタントとしての在り方は人それぞれです。そのため、私の講座では特にラポール形成に力を入れた内容をお伝えしています。

　ラポール形成とは「傾聴」を行う上で欠かすことのできない要素の1つで、簡単にいうと「信頼してもらう」ということになります。当然の話ですが、誰でも信頼できない人に自分の悩みを話そうとはしません。自己中心的な態度であったり、適切なカウンセリング技法を使っていな

ければ、このラポール形成は行えないため、講座ではこの部分に最も力を入れて講座を開講しています。

次に実技の論述です。こちらは面接の基礎となる部分です。相談を行う際の「計画書」のようなものになります。ここでも書き方のポイントやテクニック、考え方があるため合格講座ではそこをお伝えしていきます。特に論述と面接はつながっているため両方をしっかりと学ぶ必要があります。

例えば、キャリアコンサルタント資格の論述と面接試験は合計90点以上で合格になります。これまで、無料相談会で前回の試験が不合格となった参加者の通知書（成績表）を拝見していると、論述の点数があと数点高ければ合格していたのに、というとても惜しい人が多いのも事実です。

論述試験の本番は50分間の時間があります。一方で面接試験は15分間と短く、しかも相談者は生身の人間です。途中で「ちょっと待ってください」とは言えませんし、もしかすると当日にいつもの調子が出ず、上手くいかない可能性も高くなりやすい特徴があります。

このように考えていくと、論述試験は50分間で自身の頭で考えて文字にしていくため、面接試験と比べると「考える」ことができます。そのため、私は論述試験の点数を1点でも多く得点することを講座の中で受講生のみなさんに伝えています。

そして合格発表後、受講生のみなさんから「合格しました！」「先生のおかげです」という嬉しい連絡をたくさん頂戴しています。頑張って努力して合格を手にされたみなさんは素晴らしいと思います。また、こんなふうに言ってもらえると私自身も「この仕事をやっていて、本当に良かったな」と思える瞬間でもあります。

③　職業訓練校や高校や大学、企業などでの講師

　私がキャリアコンサルタントになったきっかけは、職業訓練校で講師として勤務していたことでした。職業訓練校では1クラス20名程度の受講生に就職に関する授業を行うことと、1対1のキャリアコンサルティングを行うことの両方を経験しました。職業訓練校は特に技術を身につける訓練が多いです。例えば、パソコンスキルや介護、Webサイトの知識、美容など、今は本当にたくさんの職業訓練校があります。

　その職業訓練校で、私はジョブカード作成や実際に企業へ就職する際の履歴書・職務経歴書の書き方と添削、模擬面接、自己理解、仕事理解についての授業を受け持っていました。1対1のキャリアコンサルティングも行っており、職業訓練校の受講生へ寄り添う形でカウンセリングを行うことを心がけていました。また、受講生が希望する業界への就職のために、各企業へ出向いてマッチングの機会を頂戴するというような開拓も行っていました。

　職業訓練校では結果を求められることが多いです。「結果」とは「就職率」のことです。職業訓練校の最終ゴールは「受講生の就職」です。職業訓練校を修了しようが途中で退校しようが、就職さえすればOKの世界です。ここでいう就職とは雇用保険に加入することが条件になります。この比率が少ないと次回の開講が難しいという現実もあり、経営目線で考えると、就職率（雇用保険加入）が最も気になるところです。

　他には、大学や短大、専門学校生へのいわゆる「就活」のサポートです。これらも職業訓練校と同様、クラスの授業や1対1のキャリアコンサルティングを行います。特に現在の就活は春から一斉に開始されるため、その時期に合わせた就活ガイダンスや春休み期間に開催されるセミナーなどの運営があります。主に次のようなものに対応します。

◆就職ガイダンス

就活という初めての取組みをいつからどのように行っていくのかを説明します。

◆就職活動

実際の就活についてこれから何をするのか、1対1でキャリアコンサルティングを行い、学生一人ひとりが就活に対して自律的に行動できるようにサポートします。

◆業界研究会

希望の就職先があるときはその業界について研究をします。他に何がやりたいかわからないときは興味のある企業説明会に参加してみて何を感じるかなどを経験します。

◆学内企業説明会

本来の企業説明会は、その企業または他の会場で開催されることが多く、学生はそこにリクルートスーツに身を包み参加します。これに対して学内企業説明会は、企業側が学校に出向いて行われます。この場合、学校推薦などがある場合もあります。注意点は、学校推薦だと内々定取得後には、辞退しにくい場合が多いことです。

◆模擬面接

アルバイトなどの採用面接とは異なる部分が多いため、学生が何度も模擬面接に取り組み、自信を持って当日を迎えらえるようにサポートします。

◆自己ＰＲ、志望動機作成セミナー

エントリーシートや履歴書等に記入する自己ＰＲや志望動機は、文字数こそ少ないですが、その中で自分をどのように表現するかを考える部分です。書類選考の結果にも大きく関わってくるため、よく考えて何度も何度も書き直しを行います。企業の採用担当者の目にとまるような内容に仕上げていきます。

このようなことを行いますが、学生が未知の取組みに少し気弱になって逃げ出してしまうことや、ふさぎこんで涙を流す場面も見られます。こうしたことにも対応する力が求められます。

④　キャリアコンサルタント更新講習

　厚生労働大臣指定のキャリアコンサルタント更新講習を開講しています。これはキャリアコンサルタントになった人に対しての講習です。キャリアコンサルタントは更新が必要な資格で、その更新（5年毎）をする際に厚生労働大臣が指定した更新講習（38時間）を受講する必要があります。

　厚生労働大臣指定機関になるためには、まずは申請して指定通知を受けることが必要です。この申請をする際には、講習を行う訳ですから講師の経歴や講習内容、教材の内容、会社概要等さまざまな書類の提出を求められます。内容によっては指定を受けられないこともあるようです。

　この申請には私の講師としての経歴やこれまでのキャリアコンサルタントとしての実務経験などが活かされ、指定に至りました。今後は38時間すべてのキャリアコンサルタント更新講習を開講できるよう努力していこうと考えています。

　今後の私の目標は、「キャリアコンサルタントの育成」部分をもっと強化して、その実現を図ることです。そのために、各業界で活躍するキャリアコンサルタントの自己研鑽の場を提供することを拡充していきます。

⑤　ロールプレイ勉強会

　この勉強会は毎月開催しています。キャリアコンサルタントを目指す人、キャリアコンサルタントに興味のある人、既にキャリアコンサルタントとして活躍している人の交流の場を提供することを目的としています。

　普段なかなか練習を行う機会に恵まれないという受講生からの声があり、気軽に参加できるこのような会を発案しました。

　時間は 2 時間程度で、内容は、最初の 1 時間は参加者全員で 2〜3 人が 1 組となりキャリアコンサルタントの実技面接試験のロールプレイの練習をします。その後は、私も参加してみなさんと歓談しながら、キャリアコンサルタントに関する情報の交換などを行います。ここで知り合った人同士でつながりができたり、自主的に試験の練習を行ったり、私からのキャリアコンサルタントの情報や仕事情報などの発信も行っています。

　このように、みんなで一緒に交流を深めながらキャリアコンサルタント仲間を増やしていき、社会貢献を通じて、まだあまり知られていない「キャリアコンサルタント」を、もっともっと世間に広げていきたいと思っています。

キャリアコンサルタント実技試験（論述・面接）にサクッと合格する本	令和 2 年 5 月 20 日　初版発行 令和 5 年 5 月 30 日　初版 4 刷

検印省略

著　　者	津　田　裕　子
発 行 者	青　木　健　次
編 集 者	岩　倉　春　光
印 刷 所	日 本 ハ イ コ ム
製 本 所	国　　宝　　社

日本法令 ®

〒 101-0032
東京都千代田区岩本町 1 丁目 2 番 19 号
https://www.horei.co.jp/

（営　業）	TEL　03-6858-6967	Ｅメール	syuppan@horei.co.jp
（通　販）	TEL　03-6858-6966	Ｅメール	book.order@horei.co.jp
（編　集）	FAX　03-6858-6957	Ｅメール	tankoubon@horei.co.jp

（オンラインショップ）　https://www.horei.co.jp/iec
（お 詫 び と 訂 正）　https://www.horei.co.jp/book/owabi.shtml
（書籍の追加情報）　https://www.horei.co.jp/book/osirasebook.shtml

※万一、本書の内容に誤記等が判明した場合には、上記「お詫びと訂正」に最新情報を掲載しております。ホームページに掲載されていない内容につきましては、FAX またはＥメールで編集までお問合せください。